Johann Georg Fischer

**Florian Geyer**

Der Volksheld im deutschen Bauernkrieg

Johann Georg Fischer

**Florian Geyer**
*Der Volksheld im deutschen Bauernkrieg*

ISBN/EAN: 9783743645028

Hergestellt in Europa, USA, Kanada, Australien, Japan

Cover: Foto ©ninafisch / pixelio.de

Weitere Bücher finden Sie auf **www.hansebooks.com**

# Florian Geyer

der Volksheld im deutschen Bauernkrieg.

Trauerspiel in fünf Acten

von

J. G. Fischer.

———

Stuttgart.
Verlag der J. G. Cotta'schen Buchhandlung.
1866.

## Personen.

Kaiser Karl der Fünfte.
Casimir von Brandenburg, Markgraf zu Ansbach.
Florian Geyer, Edler von Geyerstein, Anführer der „schwarzen Schaar."
Georg Truchseß von Waldburg, Anführer des schwäbischen Bundesheers.
Wilhelm von Grumbach, Florians Schwager.
Frau von Geyer, Florians Mutter.
Bertha, ihre Tochter, Grumbachs Verlobte.
Emma von Brandenburg, Casimirs Tochter.
Die Gräfin von Helfenstein.
Friedrich Weigand, Churmainzischer Vogt und Kellermeister.
Marie, seine Tochter.
Der Dompropst zu Würzburg.
Georg Metzler, Hauptmann des Odenwälder Bauernhaufens.
Dr. Steinmetz, Werkzeug der Unterdrücker.
Jakob Wehe, Prädikant im Ulmischen.
Anderer Prädikant im Weinsbergischen.
Ein Sendling Luthers.
Ein Landsknecht.
Ein Schweizer.
Bauer aus dem Ulmischen.
Bauernjüngling, sein Sohn.
Zwei Bauern aus dem Weinsbergischen.
Anderer Bauer aus dem Mergentheimischen.
Die schwarze Hofmännin.
Ritter, Domherrn, Kriegsleute, Volk, Diener.

(Zeit: April und Mai 1525.)

# Erster Act.

Scene in der Nähe vom Lager des schwäbischen Bundesheers an der Donau unterhalb Ulm. Eine Steinbank, Bäume, Gebüsch. Im Hintergrund eine Anhöhe, über welche ein Fußpfad. — Sturm, Regen.

**Steinmetz** kommt und blickt zwischen das Gebüsch, die Hände reibend.

### Steinmetz.

Frisch zu, liebe Donau, schwill an, lauf über. So, jetzt hat's mit dem Entlaufen dahinaus ein End; wer meint, 's muß dennoch sein, der mag ersaufen, und wer dorthinaus will, der fällt dem Truchseß in den Arm. Wär' nur auf die Anhöhe dort auch ein Bißchen Donau zu bringen!

**Bauer und Schweizer** kommen.

### Schweizer (zum Bauer).

Sieh den hier!

### Steinmetz.

Gut Freund! gut Freund!

### Bauer (zum Schweizer).

Hört Ihr die Donau, wie sie braust und tobt? Wüstes Aprilenwetter! Gras und Laub will nicht heraus, und längst ist's alle in Frucht- und Futterkammer.

**Fischer, Florian Geyer.**

#### Steinmetz.

Die Herrn vom Bundesrath drinnen zu Ulm haben Futters genug.

#### Bauer.

Ja, so lang ich die nicht hängen seh am Münsterknopf, der da so gülden herabgudt, ist kein Fried und Besserung.

#### Steinmetz.

Der Rath hat gemeint, der Bauern Begehr sei kein End; erst wenn der letzte Wehr und Waffe niedergelegt, wär' von Vertragen zu reden.

#### Bauer.

Ja, wenn der Bauer erst ganz hin ist, dann ist gut schlichten mit ihm. (Lacht.) Unsere Waffen niederlegen, unsern einzigen Trost und Helfer!

#### Steinmetz.

Nein, brauchen die Waffen, brauchen! Wie ist's, Bruder Schweizer, habt Ihr brav Hilf gebracht für das Volk, Streiter, Waffen, kecken Zuspruch?

#### Schweizer.

Fangt an, schwer gehen, ist weit heraus bis Ulm. Bei Weingarten gieng's noch. Und Zuspruch!? Ja, ihr Hagels= buben, was wartet ihr, wie der Wind aus der Fremde blast? Haltet zusammen wie wir Eidgenössischen. Haben letzt' wieder vier, fünf Cantone zum Land geschlagen; wir sterben lieber, eh wir Einen der Unsern lassen. Will mir nit so dünken beim dütschen Bauer. Hab's gesehen im Oberland, will Jeder nur daheim frei sein, und läßt den Andern schinden.

#### Steinmetz.

Recht so, Schweizer, setz' ihm zu, er ist ein keinnütziger

Strick, stünd sonst nicht hier und läßt drunten bei Leipheim
etlich tausend seiner Brüder vom Bunde schlagen.

#### Bauer.

Muß ich nicht Wach' halten mit meinem Spieß, und
den Prädikanten den Rücken decken, die allein noch die
Wahrheit predigen!

#### Steinmetz.

Freilich! Sind auch meine Freunde, die Prädikanten,
und was richten sie aus! überall Aufruhr! und fromme
Lieder dazu: Es ist das Heil uns kommen her, und:
Ein' feste Burg ist unser Gott. Dafür verspielens die
Bauern auch jedesmal, wo sie angreifen. (Horchend.) Hörst
du, das ist keine Donau, das ist Schlachtgeschrei. Ha, wie's
wieder Bauernköpf' regnen wird! Mach dich aus dem
Staub mit deinem Spieß, sonst kommt dir der Truchseß
auf die Haut.

#### Bauer (eilt fort und kommt zurück).

Was ist das? ich kann nicht hinaus vor der Lache.

#### Steinmetz (lacht).

Das ist eine junge Donau; die Flüsse kriegen jetzt
Junge wie die Bauern und Hunde.

#### Bauer (der nach der andern Seite geht).

Soll ich hier?

#### Steinmetz.

Ja, dort ist der rechte Weg. (Beiseit.) So kriegen sie
dich gewiß am Kragen. (Zum Schweizer.) Aber den Pfarrer
von Memmingen habt ihr doch noch ordentlich über den
See gebracht; der Truchseß hätt' ihm seine zwölf Artikel
für die Bauerschaft auf die Stirn gebrannt. Sagt dem
Pfarrer, mich freu' ohnmaßen, wie er mit Wort und
Schrift anzündet und bläst, daß es brennt in den Bauern-

köpfen. Soll so fortfahren, soll brav schüren an dem Hutten, Carlstadt und Münzer, daß kein Ruh wird.

**Schweizer.**

Ist Euer Auftrag bald zu End?

**Steinmetz** (eilfertig).

Halt! — Und dem vertriebenen Herzog von Württemberg hat er geschrieben: Er soll die neue Lehr' annehmen und die Regentschaft aus Eßlingen jagen.

**Schweizer.**

Ja, und der Herzog ihm: Es sei ihm all Eins, ob er durch Bauernschuh oder Herrenstiefel wieder in sein Land komme. (Will gehen.)

**Steinmetz.**

Bleibt doch! (Will ihn halten.)

**Schweizer** (der sich losreißt).

Nein, Doctor, merk's wohl, behieltet mich gern beim Essen (sich an den Hals greifend). Lebt wohl! und wenn ich's nicht schon gewußt hätt', was ein rechter Spitzbubenstrich ist, jetzt wüßt' ich's. (Ab über die Anhöhe im Hintergrund.)

**Steinmetz** (nachrufend).

Grüß mir den Pfarrer schön, und ein Strick koste nur einen Groschen. (Für sich.) Möcht' all' das Gesindel in der Donau und im Main ersäufen; fünfunddreißig Fuder Zauberwein mir ausgesoffen die Bauernhund' und dann erst die Pike auf die Brust, bis ich ihre tollen Proklamationen schrieb. Und thu' ihnen doch freundlich, so lang — o ich Verrückter — so lang sie mit ihrem Vater auf der Seite! Marie, du machst mich wirbeln! Sonst pfändet und plündert der Advokat Steinmetz den Armen, wie er den Reichen schröpft, und lacht, wenn er den Halbverhungerten, der ein Brod stahl, hängen sieht. Nur du machst mich zum Kind — oder zum ganzen Satan. Was bist du schön gegen die Pfaffendirn', die Rübingerin, die mich so schändlich betrog, daß ich keiner Seele mehr glaube und alle Welt vergiften möchte! Du, wie ein Maisonntag aufgeblüht, jung, frisch, kurz besonnen! — Himmel und Hölle um dich! — — Sinn und Verstand bannst du mir, Dämon! Dich denken, dorrt mir Blut und Hirn! — Aber dir näher kommen? Umkehren, der Bauern Fürsprech werden? Nein! Das Pech des Teufels klebt zäh an des Menschen Haut. — Aber im Ernste den Herren dienen! Auch nicht! keiner ist's werth. Alle betrügen ist mein Handwerk; liebe keinen Menschen — als — als —. Sollte s i e lieben? Die Reformirer sind ihres Hauses Freunde, ihre Schriften verschlingt sie; sollte sie lieben? (Entschlossen.) Wer nicht zurück kann, sehe was vorwärts liegt; hilf du mir, List, Eifersucht oder Rache! Aber ein solches Weib könnt' einen Verdammten selig machen! (Will gehen und hält plötzlich still.) Was bringen sie denn dort? he! Ein Prädikant! und mein Bäuerlein dazu!

**Zwei Landsknechte** bringen einen **Prädikanten** und den **Bauer** sammt seinem Sohn, beide ohne Waffen.

**Ein Landsknecht.**
Bringen den Prädikanten Jakob Wehe, der Aufruhr geprediget, und den Bauer mit seinem Buben, die dem Prädikanten wollten durchhelfen; sollen sie zum Doctor Steinmetz führen und bewachen, bis seine Gnaden, Herr Truchseß selbst das Urtel sprechen.

**Steinmetz.**
Schönes Amt, Herr Prädikant, dem Bauer predigen, daß er frei sei, wie der Herr; kein Abel, kein Zehnt mehr!

**Prädikant.**
Weiß nicht was überall geprebigt wird; was ich predige, will ich vor Kaiser und Reich aus der Bibel weisen.

**Steinmetz.**
Mir lacht schon das Herz ob solchem Reich, darin alle gleich sind, jeder hanthiren darf nach Belieben, nehmen wo ist, jagen, fischen, ernten, waiden und Wälder schlagen.

**Prädikant.**
So viel vorhabende Reformation auf Grund Evangeliums zuläßt.

**Steinmetz.**
Haben gestern drüben im Elchinger Forst schön gehaust die Langenauer, Tannen und Eichen davon geschleppt, als gält's, noch ein so lang Dorf zu bauen, und ihr Prädikant hat die erste Hand an die Axt gelegt.

**Prädikant.**
Ist Holz gewesen zu einer Kirche, darin sie das Evangelium wollen predigen hören, weil sie satt sind, wie das Kloster ihnen von lauter Zins und Steuer predigt; nie davon, daß das Volk auch einen Magen hat.

**Steinmetz.**
Ei freilich, das Volk muß es gewinnen. Hab' selbst einen Collegen von Euch sagen hören: „Fürst und Adel sind vergänglich; das Volk ist ewig und allgegenwärtig, wohin seine verjagten Peiniger fliehen, da ist das Volk schon, und ob ihr seinen Stamm abhaut, es treibt siebenfältig aus der Wurzel nach." Nicht wahr, ich hätt' auch einen tapfern Prädikanten gegeben? Was gebt Ihr mir, so zieh' ich mit Euch?

**Prädikant.**
Nichts will das Volk gemein haben mit dir, Handlanger seiner Quäler.

**Steinmetz.**
Nichts gemein haben! (Lacht.) Darum hat man mich nicht eingeladen zu dem Schmaus, den ihr gestern drüben hieltet bei Offenhausen von dem gestohlenen Hirsch und Klosterwein.

**Bauer.**
's ist für den ausgegrabenen Esel gewesen, Herr, der einem Zigeunerhaufen bei Holzschwang krepirt ist, und den wir mit unsern verhungerten Weibern und Kindern gegessen.

**Steinmetz.**
So, du bist auch bei der Hirschpartie gewesen? und heut' fangt man dich ein, weil du die Herren an den Ulmer Münsterknopf willst hängen lassen.

**Landsknecht**
(einen Papierstreifen in Form einer Stiefelsohle hervorziehend).
Das Maß, das Ihr mich nehmen hießt, von den Fußstapfen im Wald, da sie den Hirsch schoßen, es paßt (nach dem Prädikanten winkend) auf — zwei solche Schuhe, wie die Eichel in ihr Schüsselein. Aber das muß ich sagen, Herr, predigen kann der, so können's all die Beichtväter nicht, die ich gehabt; da heißt's: Fäust' in die Höh'! Wär' ihm schier selbst nachgelaufen.

**Steinmetz.**
Kannst es noch, wenn er wieder laufen darf. (Zum Prädikanten.) Ihr wißt, was der Aufruhrprediger wartet?

**Prädikant.**
Mit dir kein Wort mehr, Gotteslästerer!

**Steinmetz** (lacht).
Natürlich, wer euch Pächter der Wahrheit höhnt, der lästert Gott. Kannst ihm noch nachlaufen, Landsknecht.

#### Landsknecht.

Ach, es war ja nur so geredt. Ich fang' und ersteche' Euch, wenn Ihr wollt; bin's nit anderst gewohnt vom Georg Fronsberg her; kanns anderst nit aushalten. Haben in Lombardien eines Tags zwanzig Pfaffen — will nit sagen was — und Nachts waren uns die Comtessen kaum gut genug.

#### Steinmetz.

Prachtstück von Landsknecht! so möchten's die Prädikanten auch kriegen, (für sich) die Landstreicher, Kerle dürr und bleich, wie der Gänsewasen im August! — Und das sind i h r e Freunde! (Laut zum Bauer.) Aber wo hast denn du deinen hochmüthig langen Spieß gelassen!

#### Bauer.

Laßt mich nur heim mit meinem Buben; hab' ein Weib mit sieben hungrigen Kindern daheim; will keinen Spieß mehr in die Hand nehmen.

#### Steinmetz.

Weß Handwerks?

#### Bauer.

Ein Beck, der kein Mehl hat.

#### Steinmetz.

Ein Beck? Unser Herrgott hatte eine gutmüthige Stunde, da erschuf er den Becken. Ein Beck, und laufst dem Aufruhrgesindel nach?

#### Bauer.

Laßt mich heim.

#### Steinmetz.

Will sehen. Was steuerst du dem Kloster?

#### Bauer.

All' Jahr einen Hahn zur Ehrung.

Steinmetz.
Und bist unzufrieden? Hat das Jahr nicht vier Ehrungs-
zeiten?
Bauer.
Hab's Geld nicht zu dem einen Hahn.
Steinmetz.
Versprich vier fette Kapaunen dem Kloster jährlich, so
magst du laufen. (Zieht ein Papier und schreibt.) Da unter-
schreib's.
Prädikant
(zum Bauer, welcher schreiben will).
Halt an, thörichter Mensch.
Bauer.
Möchte heim.
Steinmetz.
Georg Truchseß versteht keinen Spaß, Prädikant. (Als
der Bauer schreiben will.) Halt! Kapaune sind nicht das ganze
Jahr gut haben; mach' ein Kalb.
Bauer.
Herr, was muthet Ihr mir zu.
Steinmetz.
So bleib, der Truchseß ist bald da.
Bauer.
Setzt ein Kalb.
Steinmetz.
(schreibt und giebt das Blatt dem Bauer; da dieser unterzeichnen will).
Halt! du hättest Plackschecrereien mit dem Kalb; brächtest
du ein rothes, so wollten sie ein schwarzes oder weißes;
wär's ein Kuhkalb, sie wollten ein Farrenkalb; und ein
Kalb ist halt ein Kalb; mach' einen Mastochsen; (lacht) ein
rechter Ochs bleibt immer ein Ochs.

**Prädikant** (voll Ingrimm).

Was für Schandseelen unter Gottes Sonne herumlaufen! und er duldet's. Diesen Hohn auf die Einfalt des Volks! Das nennt man dann wohlerworbene verbriefte Rechte; auf solchen Füßen stehen hunderte von alten Gebühren. Tag der Vergeltung, wann brichst du an?

**Steinmetz** (höhnend).

Schon hör' ich ihn nahen. (Man hört kriegerische Musik; zum Bauer.) Willst du unterschreiben?

**Prädikant** (den Bauer fassend).

Wenn du nicht lieber stirbst, als dieses Schandblatt unterschreibst, weh' deiner Seele! Kind und Kindeskinder werden schreien über dich!

**Steinmetz** (dem Bauer das Blatt vorhaltend).

Der Truchseß naht in vollem Lauf.

**Bauer**
(unterschreibt, das Blatt auf sein Knie legend).

In Gottes Namen! 's ist doch Alles hin.

**Prädikant.**

Und die Hölle lacht dazu. O Volk! wann wirst du verständig sein?

**Steinmetz** (das Blatt zu sich steckend).

Jetzt lauf mit deinem Burschen.

Indem der Bauer mit seinem Sohn fliehen will, tritt auf derselben Seite rasch ein **Georg Truchseß**, gefolgt von Rittern und Mannen.

**Truchseß.**

Was flieht der Bauer?

**Steinmetz** (auf die Landsknechte).

Die brachten ihn mit dem Prädikanten.

**Landsknecht.**

Sollten sie zum Doctor Steinmetz führen.

**Truchseß.**
War der Bauer in Waffen?

**Landsknecht.**
Er und der Bursch, und wollten dem Prädikanten forthelfen. Haben ihnen die Spieß' abgenommen.

**Truchseß.**
Sollen Spießruthen laufen zwischen zwanzig Mann, dreimal hin, dreimal wieder. Haben meine Proklamation gewußt. Bleiben sie todt, so ist's wohl verdient.

**Bauer** (niederknieend).
Erbarmen, gnädiger Herr! waren so elend, in Hunger und Blöße, daß alles den Predigern zulief, die Hilfe verheißen.

**Steinmetz.**
Und haben drüben im Klosterwald —

**Landsknecht** (halblaut).
Habt Mitleid, Herr, mit den armen Teufeln.

**Steinmetz** (lauter).
Und haben drüben im Klosterwald einen Hirsch gestohlen; auch der Herr Prädikant waren beim Schmaus.

**Truchseß.**
Die Bauern fort zum Gassenlaufen, und weil der Hirsch dazu kommt, viermal hin, viermal wieder. (Winkt. Einige seiner Leute nehmen den Bauer mit dem Sohn in die Mitte.)

**Bauer** (laut rufend).
O Heiland, mein Weib, meine Kinder! Wann kommt dein Reich?

**Prädikant** (laut).
Es kommt aus unsrem Blut.

**Bauer.**
Betet für mich und meinen Sohn.

#### Bauernjunge
(schreit, während er mit dem Vater abgeführt wird).

Muß schon sterben; und hab' nie genug Brods gessen! (Flieht; Reisige wollen ihm folgen; man hört einen Fall ins Wasser; Ruf von außen.) Hilf! Hilf! ich ertrinke.

#### Truchseß.
Was ist's?

#### Steinmetz.
Ist in einen Sumpf gelaufen, der sich von der Donau füllt.

#### Bauer.
Ihm ist besser als mir. (Ab mit den Reisigen.)

#### Prädikant (zum Himmel).
Sieh du drein, da oben!

#### Truchseß (zum Prädikanten).
Wißt Ihr, daß Ihr sterben müßt?

#### Prädikant.
Seit ich in Eurer Hand bin.

#### Truchseß.
Ihr waret gewarnt; der Tod steht darauf, durch Wort oder Handlung das Volk zu erregen.

#### Prädikant.
Hab' es von einem Höhern, was ich thun und lassen soll.

#### Truchseß.
Weiß es, Eure Brüderschaft möchte keine Obrigkeit. (Auf der Anhöhe im Hintergrund erscheint eine verhüllte Mannsgestalt, von einem fahrenden Schüler in langem Mantel geführt. Sie stellen sich so, daß sie von der Scene nicht beobachtet werden, aber daß sie dieselbe betrachten können.)

#### Prädikant.
Will eine Obrigkeit. Aber Euer Fürnehmen, Herr, ist Gott ein Gräuel, darum predige ich wider Euch.

**Truchseß.**

Ihr habt um Euren Hals geprebigt. Drüben auf dem Weidenstumpf an der Donau, von dem herab Eure Rede das Volk verführt, fällt in einer Viertelstunde Euer Haupt durch's Beil. Das hättet Ihr uns ersparen können, Magister.

**Prädikant.**

Der Volk und Fürsten richtet, wird Euch finden; seine Zukunft ist nah.

*Ein Ritter, der rasch aus dem Gefolge des Truchseß vor diesen tritt.*

Georg von Truchseß!

**Truchseß.**

Was wollt Ihr, Florian von Geyer?

**Florian.**

So dürft Ihr nicht schalten. Ich hab's Euch am Bodensee geschworen, daß Bluttat am Volk uns scheidet.

**Truchseß.**

Sollt Ihr mich lehren, was Recht ist im Krieg?

**Florian.**

Dieser Mann soll nicht sterben; er hat die Bibel verkündigt; das steht Jedem zu. Auch wißt Ihr, daß ich Euch den Aufruhr nur darum wollte dämpfen helfen, um hernach, wie's menschlich und recht ist, die Lasten des Volks abzuthun, welche am meisten uns vor der Welt anklagen, die sich Ritter nennen. Aber ich seh, daß es Euch um anderes zu thun, ich seh den Sieger morden und erdrücken.

**Truchseß.**

Er stirbt und Ihr schweigt; oder das Kriegsrecht —

**Florian.**

Versucht's; aber reden will ich. Welch ein Hohn:

„Das hättet Ihr uns ersparen können, Magister!" Die Nachwelt wird Euch verdammen, daß Ihr einem der treusten von den reisenden Lehrern den Kopf nicht gespart.

**Prädikant.**

Edler Ritter, wie wohl thut's, im Sterben eine Seele finden, die des Todten Sache führt. Gott segne Euch! Thut mit dem Schwert, was wir andern mit dem Wort. (Die verhüllte Gestalt im Hintergrund macht eine zustimmende Bewegung.)

**Florian**
(den Prädikanten an der Hand fassend).

Kommt an mich; ich befrei' Euch. (Zu Truchseß.) Und mit Euch keine Gemeinschaft mehr; ich verlaß' Euch.

**Truchseß.**

Wenn Ihr könnt.

**Florian.**

Ob ich kann? (Zieht sein Schwert.)

Ein Ritter, der an Florians Seite eilt, zu Truchseß.

Er kann's, und ich, Wilhelm von Grumbach, auch.

**Prädikant** (zu Florian).

Schont Euer Leben; das Volk bedarf Eurer.

**Truchseß**
(winkt seinem Gefolge; dieses umringt Florian, Grumbach und den Prädikanten. Dieser wird, indessen Florian ihn frei zu halten sucht, ihm entrissen. Er selbst und Grumbach ringen sich los. Truchseß winkt, den Prädikanten abzuführen. Es geschieht. Die verhüllte Gestalt mit dem fahrenden Schüler im Hintergrund verschwindet).

**Florian.**

Deiner Feinde sind zu viel. Ich konnte dich nicht retten, braver Mann. Die Wahrheit stärke dich im Tod. — Aber du, Bündniß mit den Unterdrückern, fahr' hin; ich eile zu dir, Fahne der Freiheit!

**Grumbach** (zu Florian).

Ich folge dir nach!

**Truchseß.**

Nehmt sie gefangen!

**Grumbach.**

Gefangen?! (Das Schwert ziehend.) Komm her, wer bluten will! (Sich der ihn Umringenden erwehrend und fliehend.) Das sei dir vergolten, Georg Truchseß!

**Florian.**

Was haltet ihr mich nicht? (Hat sich den zaghaft Nahenden entzogen und enteilt, zurückrufend.) Ich seh dich wieder, Despot!

**Truchseß** (verbissen zu sich).

Er hat seine heimlichen Freunde im Lager; sah's wohl, wie sie zuckten, da sie ihn greifen sollten. Rasche Thaten gilt's; eh der Aufruhr weiß, daß ich schwächer bin, als ich scheine. Vorwärtsdringen, Niederwerfen, ehe sie sich dort und hier besinnen, das überzeugt. An mir liegt's, ob noch ein Adel sein soll! (Laut.) Steinmetz!

**Steinmetz.**

Herr!

**Truchseß** (geheim).

Ihr hörtet die Rebellen; laßt kein Aug von der Fährte des gefährlichen Florian; der dreiste Narr Grumbach ist durch Bestechung zu haben. Zieht gen Franken; ich habe Briefe, daß es am Neckar und Main gährt und brennt, wilder als wir's brauchen können. Erforschet, verwirret, helft uneinig machen, zerstreuen. Ich folge mit dem Bundesheer, wenn erst abwärts in Schwaben das Land gesäubert. (Ab mit Gefolge.)

**Steinmetz** (allein).

Was es doch ein prächtig Ding ist, — den ganzen

Magen kitzelt's und wärmt's, Einen so ein wenig in der
Hand zu haben. Ja, ja, ich hab' Euch ein wenig in der
Hand, Herr Truchseß; könnt Euch viel schaden; will mich
Euch aber auch nicht zu wohlfeil verkaufen. — Wenn du
einen Preis mir bieten könntest! wenn er Marie Weigand
hieße! O, auch die Wüste verlangt nach ihrem Frühling,
und er macht sie schön! Da siedet's und wirbelt mir schon
wieder im Kopf und will mich ersticken. Weis' mir den
Ausweg, Liebe oder Haß! (Indem er sich anschickt abzugehen,
horchend.) Topp, da drunten stöhnt und murrt es! — nun
wird's still. Jetzt wird er im Gras liegen, der Prädi=
kantenkopf! Lägen alle so still und stumm, auch Ritter
und Pfaffen meinetwegen! (Geht ab.)

Kleine Pause. Alsbann tritt rasch ein der fahrende Schüler, der
ein weißes Tuch in der Hand hält; gleich hinter ihm

**Florian.**

Halt an, Jüngling, wozu dieß Tuch?

**Fahrender Schüler.**

Der Mann, den ich führte, hieß mich's in das Blut
des Enthaupteten tauchen.

**Florian.**

Sah dich's eintauchen; was soll's damit?

**Fahrender Schüler.**

Zeig es den Männern am Neckar und Main und rufe:
dieß Blut über euch, wenn ihr's nicht rächet! sprach er zu mir.

**Florian.**

Wer ist der Mann?

**Fahrender Schüler.**

O Herr, ein edler Mann, wie Ihr.

**Florian.**

Weißt du, daß ich das bin?

**Fahrender Schüler.**
Ich hört' Euch reden für Recht und Freiheit wie einen Helden.
**Florian.**
Und das hat dir edel gegolten?
**Fahrender Schüler.**
Der Mann, den ich geführt, lehrte mich so denken.
**Florian.**
Wer ist der Mann?
**Fahrender Schüler.**
Ein Verstoßener ist er, ein Geächteter, ein Kranker dazu, der nicht wollt' ablassen, der Apostel zu sein der Freiheit, und nun fliehen muß ins ferne Land der Schweizer. Hab' ihn hieher geführt und eben heiße Thränen geweint, als ich ihn dem Mann aus der Schweiz übergeben, der ihn fortbringt.
**Florian** (dringender).
Wer ist der Mann? (Steinmetz erscheint von beiden unbemerkt im Hintergrund und beobachtet sie.)
**Fahrender Schüler.**
Es soll seinen Namen Niemand wissen, Ritter. Die Acht verfolgt ihn; die Städte fürchten sich und geben ihm nicht Schutz mehr; Gefangenschaft bedroht ihn. — Doch Ihr, edler Mann, Ihr dürft — (mit sich selbst kämpfend) Er ist Euch so ähnlich, Ihr sollt ihn — es ist (mit beiden Händen sich die Stirn drückend und laut rufend) Ulrich von Hutten!
**Florian** (überrascht).
Ulrich Hutten geächtet und flüchtig! Wo willst du hinaus, Wahrheit in Deutschland? Der hellste Kopf, das tapferste Herz! Warum leuchtet der Weg, den du ihn führtest, nicht von seinem Fußtritt? Laß uns ihm nacheilen.

#### Fahrender Schüler.
Ich weiß den Weg nicht, den der Mann ihn führt.
#### Florian.
Ulrich Hutten flüchtig? O jetzt ist alles Fragen und Vertragen zu Ende. Krieg, Krieg Aller gegen die Peiniger der Wahrheit ist die Losung. — Und du hast ihn geführt?
#### Fahrender Schüler.
Er war in meines Vaters Haus zu Gast. Ich hörte die Männer reden. Seine Worte glühten wie Feuer auf meiner Seele. Da fühlt er sich nicht mehr sicher vor seinen Verfolgern. Ich reiße mich von Vater und Mutter los, führe ihn mainaufwärts über Würzburg, wo sein Wort die Herzen entzündet. Ich geleit' ihn zum Markgrafen von Ansbach; auch ihn wollt' er für die Freiheit gewinnen.
#### Florian.
Und der Markgraf?
#### Fahrender Schüler.
Gab kluge Antworten, viel gut Wort und Wunsch für der Bauern Sache. Da kam Nachricht, wie Truchseß das Volksheer am Bodensee geschlagen, und der Markgraf zuckte die Achseln, sprach von Zuwarten.
#### Florian.
Seine Tochter aber? die mir einen Eichenkranz flocht, als ich einem Edelmann das Pferd unter dem Leib erschoß, weil er einem Bauer mit der Peitsche nachjagte, der ein Wildschwein getödtet, das ihm den Acker zerwühlt.
#### Fahrender Schüler.
Was? Ihr wäret? —
#### Florian (bringend).
Seine Tochter?

**Fahrender Schüler.**
Sie ist — stolz.
**Florian.**
Das schadet nicht, darnach der Stolz ist.
**Fahrender Schüler.**
Sie ist — hochmüthig.
**Florian.**
Wie weißt du das?
**Fahrender Schüler.**
Ich hörte sie von einem Mann reden, der — der sie liebt, den sie — nein, Herr, ich will's Euch nicht sagen.
**Florian.**
Rede!
**Fahrender Schüler.**
Den sie — nicht liebt; durch dessen Namen sie nur herrlich sein will. — Ihr selbst!
**Florian.**
Ein Mädchen träumt gern herrlich, wen sie liebt, und durch ihn sich selbst.
**Fahrender Schüler.**
Aber sie wird die, die denken wie er, wird seine Freunde nicht höhnen.
**Florian.**
Nein, bei aller Wahrheit, das wird sie nicht.
**Fahrender Schüler.**
Aber sie hat Ulrich Hutten, den Verstoßenen, gering geachtet, hat, wie ihr Vater, ihm nicht Schutz mehr geben wollen.
**Florian.**
Das ist nicht möglich, Jüngling! — — Wär' es möglich? Darüber muß Licht werden, und selbst will ich's holen alsobald. Ich würfe sie zu den Verlornen. Von heut an

werb' ich viel verloren geben müssen. — Aber du hast
Ulrich Hutten geleitet! Haft ihn nie verlassen!
### Fahrender Schüler.
Seit ich ihn sah, weiß ich, wie ein Herz um seines
Glaubens willen Alles auf sich nehmen kann bis zur Gefahr
des Todes. Er zog nach Nürnberg. Als ich sah, daß die
Nürnberger, die ihm einst gejubelt, ihn aus Angst aus
ihrer Stadt weisen werden, wie die Jungfrauen, die ihm
einst Kränze flochten, jetzt nur scheue Thränen für ihn
hatten, da ward er mir wie ein Heiliger, für den zu ster=
ben schön wäre, und ich führte ihn bis hieher, durch's
Feld des Krieges, wo man ihn, wie er meinte, am we=
nigsten vermuthe.
### Florian.
Laß dich küssen, du Jünger der Freiheit; der Meister
aus Nazareth konnte sich keinen redlichern wünschen. (Der
fahrende Schüler erwehrt sich seiner Umarmung.) Warum verschmähst
du ein Freundesherz, das du glühen machst?
### Fahrender Schüler
(wirft den Mantel ab und steht als Mädchen vor ihm).
Seht darum.
### Steinmetz
(der sich im Hintergrund beide Hände wechselsweise vor Brust und Stirne
drückt, mit halberstickter Stimme).
Marie?! Himmel und Erde!
### Florian
(in höchstem Erstaunen, läßt sich auf ein Knie nieder).
Sieh, nun knie ich vor dir, herrliches Kind. Wer
bist du?
### Mädchen.
Maria Weigand, Tochter des churmainzischen Vogts
und Kellermeisters. Aber kniet nicht, Ritter.

**Florian** (der sich erhebt).

Ein Mädchen, und dieser Freiheitsmuth? Schämet euch, Männer! Nun wappnet eure Reisigen, ihr Tyrannen; ihr seid verloren, wenn solche Mächte wider euch sind. Komm, Kleinod, hier ist Volk und Freiheit geschlagen; laß uns dem Schlächter anderswo begegnen! (Gehen ab.)

**Steinmetz**
(hinter dem Gebüsch hervorkommend).

Diesen Zugvögeln muß man den Strich ablauern; — sie mit ihm?! Jetzt helft mir, alle guten oder bösen Geister! (Hebt den Mantel des Mädchens auf und schleicht beiden nach. Der Vorhang fällt.)

# Zweiter Act.

## Erste Scene.

Im Schloß des Markgrafen zu Ansbach.

**Casimir im Eintreten.**

Möcht' wohl, 's lägen alle erschlagen und erstochen, der beste ist das Hängen werth; aber wer soll Brod schaffen und Frohnd leisten? Man braucht Lebendige, das ist das A B C aller Regierung. — Und noch weiß ich nicht, wo's hinaus will, wer gewinnt; weiß nur, daß ich gewinnen will, und noch eins so groß werden; sei's Bauer oder Ritter, die mir helfen. Muß derweil noch beiden ein gut Gesicht machen.

**Emma, die eintritt.**

Stör' ich Euch, Vater?

**Casimir.**

Nie, wenn du Gutes bringst.

**Emma.**

Keine neue Nachricht?

**Casimir.**

Keine seit der Bauern Niederlage am Bodensee; geht langsam, die Bauern sind bald flinker als die Herren.

**Emma.**
Aber Einen weiß ich, Vater, der wird's zum Ziel treiben.

**Casimir.**
Ritter Florian, meinst du; du hältst mir zu große Dinge auf ihn; er hat ein gar zu freundlich Aug für den Bauer.

**Emma.**
O er verachtet das Gesindel, wie das Heer von kleinen Hasenjägern, die sich den Adel nennen, verachtet sie, weil er ein M a n n ist.

**Casimir.**
Aber die Freiheitsapostel sind seine Freunde.

**Emma.**
Weil er einen großen Blick hat und sieht, daß sie den hunderten von winzigen Herren um den Hals predigen, bis nur wenige große Fürsten bleiben, die sich in das Reich theilen: Ihr, Vater, Er! —

**Casimir.**
Denk leise, Tochter, laß das niemand hören als deinen Vater. Ja! wenn's nur nicht noch viel m e h r Herren werden, Millionen, jeder Bauer sein eigner Herr, nur ein Kaiser und ein Volk! — Und Florian?

**Emma.**
Ist eine Seele, zum Herrschen geboren, wie zum Erobern.

**Ein Diener der eintritt.**

Ein Ritter verlangt nach Euch. (Ab, indem Florian eintritt.)

**Florian vor den beiden sich verbeugend.**

Verzeiht der Eile und Noth, die Euch so hastig begrüßt. Eure Hilfe, Herr Markgraf!

**Casimir.**
Zählet auf sie, wenn sie zum Guten hilft.
**Florian.**
Das Bauernheer ist geschlagen an der Donau; Truchseß eilt dem Lande des Neckars zu, brennend, erwürgend; ich habe mich losgesagt von ihm, weil er niedertritt, statt zu helfen.
**Casimir.**
Er wird Euch sehr vermissen.
**Florian.**
Das Volk bedarf meiner, bedarf Eurer und aller, die 's mit dem Reich und Recht wohl meinen. Auf Heilbronn zieht sich der Bauer in tausenden zusammen; seine erwählten Räthe tagen, die Verfassung des Reichs neu zu bauen, Ein Recht, Ein Gesetz; nicht tausenderlei Willkür, so viel als kleine Herren. Steht bei zum Werk, versammelt Eure Mannen; zieht heran; ich stoße mit dem Haufen, den ich unterwegs geworben, zu Euch.
**Emma** (erfreut).
Tapfrer Mann! Ja, Vater, steht auf, werft sie nieder mit ihm die winzigen Junker, nehmt Schwaben und Franken in Euer beider Hände.
**Casimir.**
Zu viele Herren, wer weiß es nicht? Gott helf' ab von ihnen! Aber seht, (indem er Florian an ein Fenster führt) dorthin zu liegen die Buben der Handwerker, der Spengler, der Drechsler, der Schneider; darin arbeitet's noch leidlich. Seht dort die Anhöhe hinauf das Feld, es ist so ziemlich angebaut. Und doch weiß man auch in Ansbachischen Grenzen schon, wie es in den Gasthäusern zecht und hanthiert mit Waffen und Hollahrufen, Alles auf den schönen

Tag hin, wo der Bauer die Schlösser und Klöster ausraubt, anzündet, kein Herr und kein Gesetz mehr sei als der Bauern Willkür. — Dann aber geht über die Grenzen der Markgrafschaft hinaus, wie dort die Fenster der Handwerker mit Lumpen verstopft, ihre Hütten verlassen sind, wie dort — jetzt schreiben wir bald den Mai, seit dem Märzen das Feld vergeblich auf seinen Anbau wartet. Daß es in meinem Land noch besser, das dank' ich meiner Fürsorg' und der guten Ordnung, die meine Bewaffneten halten.

#### Florian.

Zieht mit mir und helft, daß es überall so wird, daß der Handwerker nirgend mehr zerlumpte und verlassene Werkstätten hat, helft ein Retter sein des von seinen tausend Herren gemarterten, beschimpften, in Verzweiflung und Laster gejagten Volkes!

#### Casimir.

Ob ich dazu helfen will? Heut und morgen, Ritter. Aber, daß Ansbach ein Hort bleibe der Ordnung, daß ich dem Sieger und dem Recht eine gesicherte Stätte bei mir aufthue, wenn der Sieger heranzieht, so lasset mich hier mit meinen Schaaren; ich halt' euch die Wege zu mir offen.

#### Florian.

Mit diesem Trost soll ich ziehen, Markgraf? Welch' ein Anfang! (dringender) Und wenn Euch die Sieger, denen Ihr beizustehen unterließet, nun als Feinde in's Gebiet fallen?

#### Casimir.

So stehet Ihr mir bei, edler Nachbar; denn ich bin und bleibe Euer Verbundener.

**Emma.**

Das wird er; das werdet Ihr, Ritter Florian!

**Florian**
(der mit sich selbst kämpfend auf und ab gieng).

Ja, Ihr bringt mich zu mir selbst, Markgraf, ich will mich auf mich verlassen, will den Geist anrufen, der allwärts aufsteht, die Tauber, den Neckar und den Main hinab, er wird mir Arme und Waffen zuführen und mich nicht verlassen.

**Emma.**

Auch Eure Verbündete, die Tochter Casimirs, verläßt Euch nicht.

**Florian** (zu Casimir).

Und wollt Ihr, wenn ich entbiete, den Volkstag beschicken und stimmen zu vorhabender Ordnung des Reichs?

**Casimir.**

Ich will's. (Wird durch den Diener hinausgerufen.) Entschuldigt mich! (Geht hinaus.)

**Emma.**

Versteh' ich Euch ganz, Ritter?

**Florian.**

Ich Euch, Fräulein?

**Emma.**

Den Truchseß habt Ihr verlassen; seid Ihr dadurch uns näher gekommen? gewiß näher?

**Florian.**

Wenn Ihr mir ganz sagen wolltet, wie Ihr's meint.

**Emma.**

Seht, als Ihr jenen Strauchritter niederwarft, da dacht' ich: So fahr' fort, großgesinnter Mann, Mann, der stolzesten Frauenliebe werth! solche Jagd hundert Meilen weit!

#### Florian.
Sie kann so kommen, edles Fräulein.
#### Emma.
Und die Besten theilen die Beute.
#### Florian.
Ich dachte mir: Alle!
#### Emma.
Wenig Häupter, viel Unterthanen!
#### Florian.
Ein Haupt, ein ganzes Reich unterthan.
#### Emma.
Und wir? und Ihr?
#### Florian.
Unterthanen wie Alle.
#### Emma (in großer Ueberraschung).
So wart Ihr zu verstehen?
#### Florian.
So, dacht' ich, meintet auch Ihr's, Euer Vater und Ihr. Habet Ihr nicht den Lehrern, die solches predigten, gelächelt, ihnen Euer Schloß aufgethan?
#### Emma.
Ich sah, daß Ihr sie — liebtet; nein: verstandet, sie — gewähren ließt, um sie für größere Zwecke zu benützen; und was Euch gut dünkte, war's auch mir; aber —
#### Florian.
Den Ulrich Hutten? Barget Ihr ihn nicht? Er ist mein Freund.
#### Emma.
Verzeiht, ich hab' Euch zu gut, zu hoch gehalten für ihn, es widerte mich an, dieses ewige Umherziehen, Unterwühlen, Erregen, Empören, diese Flüchtlingsarbeit, dieses

Vermengen mit dem Pöbel, dieses Vergessen alles Ritter=
stolzes. Der Pöbel ist sein Freund, nicht Ihr! — doch,
ich höre ja, ich — täuschte mich — (Will gehen und kehrt
wieder zurück.) Nein, Ritter, es war nicht Euer Ernst, Ihr
denket wie ich.
### Florian.
Nicht mein Ernst? zum Scherzen ist doch jetzt keine
Zeit! Wir beiden waren verblendet über einander. Das
Volk und seine Prediger, meint Ihr, haben Euch die Augen
aufgethan und Euch das Volk entleidet; mich hat des Adels
Unmenschlichkeit zum Mann des Volks gemacht, ganz. Die
Flüchtlinge, die Ihr höhnt, wer jagt sie in die Flucht?
der Adel und die Pfaffen. Für wen dulden die Flücht=
linge Verfolgung, Entbehrung der Heimath, des Obdachs?
für ihre Liebe zum Volk und seine Freiheit, ihre Liebe für
die Millionen, die der Kastenhochmuth hindern will, Mensch
zu sein, damit eine Handvoll Bevorrechteter herrsche, un=
menschlich unwürdig des Ritter= und Menschennamens. Ihr
möchtet es niedergeworfen sehen, dieß Regiment, für wen?
— ich auch, für wen? Seht, hier geht unser Weg aus=
einander, schnurstracks, Ihr wollt Euch; ich will mein
Volk! — Könnt ich Euch auf meine Seite retten! Ich
hab' Euch hochgehalten, hielt Euch für großdenkend! (Mit
innigem Ton.) O seid so groß, nur einen Augenblick, als
der Gedanke, ein Volk zu denken, größer ist, als der,
sich selbst zu denken. Bereuen sehen möcht' ich Euch, daß
Ihr Hutten verachtet habt. Ich gäbe Euch ungern auf.
### Emma.
Und doch opfert Ihr mich?
### Florian.
Wem? Retten will ich Euch, Euch selbst und Eurem

Volk, und Euer Volk Euch). Nein, glaubt es nicht, das Volk ist kein Sklave.

**Emma.**

Nein, ich seh' es, es ist Euer Herr, Ihr seid sein Sklave, Ihr, den ich zum Fürsten groß genug gedacht. — Lieber eines Despoten Weib, als Eines, der von Freiheit träumt und der Sklave derer ist, die er beherrschen sollte.

**Florian.**

Ich werde nicht mit dem Despoten um dieses Weib rechten. Auch hab' ich wohl oft gesehen, wie eine Dame, der es nicht nach ihrem Kopf gieng, sich jählings einem Mann in die Arme warf, von dem sie vorher wußte, daß ihr bei seiner ersten Zärtlichkeit das Blut gefrieren werde, und die nun doch sich selbst glauben machen möchte, daß sie glücklich sei. — Werft nicht so, ich beschwör' Euch, nicht so das Pfund des Verstandes, der Schönheit weg und des Herzens, das ich Euch zugetraut! — nicht so Eure eigne Zukunft, edle Jungfrau!

**Emma.**

Ueberstolzer Mann, der Perlen wegwirft für seinen Götzen Volk! Vergesset, ich will es auch vergessen, daß ich einst an Euch geglaubt. Euren Fall seh' ich vorher.

**Florian.**

Und ich Eure Reue, stolze Dame.

**Diener** (der hereineilt).

Der Kaiser! (Ab.)

**Emma.**

Der Kaiser?

**Florian.**

Kommt er durch die Luft?

Indem er dem Hauptausgang zueilt tritt ein der Kaiser mit Casimir.

**Casimir** (im Eintreten).

Unvergeßliche Ehre meinem Haus! Vergebt, hoher Herr, waren Eurer Ankunft nicht wissend.

**Kaiser** (noch im Eintreten).

Will ohne Aufsehen, will eilig reisen. Hätten mich in Nürnberg vor lauter Bitten um Abhilf' bald nicht mehr ziehen lassen; hab' ihr Geleit verbeten; erbitt' auch von Euch nur ein klein Comitat. Es brennt allum, brennt bis in die Niederland'; muß dorthin eilen. Derweilen haltet Ihr hier gute Strenge ob dem Aufruhr.

**Casimir.**

Ein schwer Geschäft jetzt; aber kaiserliches Vertrauen doppelt den Eifer. (Auf Emma.) Meine Tochter.

**Kaiser** (ihr die Hand küssend).

Schöne Blume, die euer Schloß ziert, Markgraf.

**Casimir** (auf Florian).

Der tapfere Ritter Florian von Geyer.

**Kaiser.**

Tapfere Männer braucht die Zeit, da alle Ordnung aus dem Gelenk ist.

**Florian.**

Möcht' so tapfer sein, unserem Kaiser ein unzerrissen Reich, ein freudig Volk zu schaffen.

**Kaiser.**

Wer hindert es?

**Florian.**

Die Ungehorsamen; und die sitzen auf geistlichen und

weltlichen Stühlen überall, wo der Eigennuh Herr ist auf Unkosten des Ganzen.

**Kaiser.**

Viel Wahrheit, Ritter. Jetzt aber treibt sie doch der Aufruhr auf Einen Zweck zusammen, der heißt: Ruhe schaffen.

**Florian.**

Wollte Gott! Aber ich sehe Viele an der Verwirrung arbeiten, sie für sich auszunutzen, und hernach ist größer Aergerniß, denn zuvor.

**Casimir.**

Verzeiht, hoher Herr, ich will die Mannen rüsten, die Euch weiter Geleit geben. (Winkt seiner Tochter; beide ab.)

**Florian.**

Schreibt einen Reichstag aus, da des armen Volkes Stimme Gehör findet. In Heilbronn sitzen wackere Männer jetzt zusammen, die des Volkes Beschwer und Bitten vor Euch bringen werden. Der Aufruhr schweigt, wenn der Kaiser redet. Gebt Raum der Reformation.

**Kaiser.**

Der Kirchentrennung?

**Florian.**

Alle sollen das Schädliche abthun, das Verständige annehmen, dann ist Eine Kirche.

**Kaiser.**

Den Luther?

**Florian.**

Nein; was das Volk auf Grund der Bibel- und Reformatorenlehre durch Beschickung der Reichsversammlung beschließt, aber das ganze Volk, nicht Adel und Geistlichkeit allein.

**Kaiser.**

Wo ist dieses Volk?

**Florian.**

Ueberall, wo in Eurem Reich ein Mensch ist.

**Kaiser.**

Ihr denkt schön; aber Ihr seid ein Schwärmer; ich habe das Volk nie so schön gesehen.

**Florian.**

O daß nur einmal die Sehenden mit meinen Augen schwärmten! — Wer hat das Volk verunziert, wenn es häßlich ist? Seine Peiniger und Verächter, die nicht minder des Reichs Feinde sind, die kein Ganzes wollen, weil sie dem Ganzen gehorchen müßten.

**Kaiser.**

Ihr sprecht wahr, Ritter, viel Ungehorsams ist bei Fürsten und Herren; aber die Freiheit, die Ihr dem Volke wollt, brächte mir noch des ganzen Volkes Ungehorsam.

**Florian** (eilig).

Sagt: sein Vertrauen! seine Liebe! sagt: daß es Euch bisher ungehorsam war. Wie soll es dem Haupt eines Reichs anhangen, wenn die bevorrechteten Glieder desselben so mit ihm schalten dürfen, wenn es diese Glieder dem Kaiser den Gehorsam ungestraft weigern sieht, wenn es zuletzt den Kaiser selbst nach den Herren beurtheilt, unter denen es leidet? Ich vergesse mich; vergebt mir!

**Kaiser.**

Ich vergeb' Euch, weil ich denke: viel solche Ritter, und es stünde besser um Deutschland. Nun aber erst den Aufruhr nieder, dann einen Reichstag.

**Florian.**

Wann das Volk stumm gemacht ist, durch Spieß und Rad!

**Kaiſer.**

Bezähmt Euch, Ritter. Schon hat der geschwinde Truchſeß bei Böblingen dem Heer der Aufrührer eine Schlacht geliefert, Tauſende geſchlagen und verſprengt.

**Florian** (beſtürzt).

Abermals geſchlagen! jetzt eilet, gute Geiſter!

**Kaiſer.**

Er zieht raſch durch des verbannten Herzogs Land hinab.

**Florian.**

O daß dieſer in Stuttgart ſäße, ſtatt der Regentſchaft in Eßlingen! es ſtünde beſſer.

**Kaiſer.**

Er iſt ein wilder Rebell.

**Florian.**

Nicht der ſchlimmſte, denn er hat nie ganz vergeſſen, was ein Fürſt nie vergeſſen darf, ſein Volk.

**Kaiſer.**

Bezähmen ſoll der Fürſt das Volk.

**Florian.**

Aber menſchlich; das iſt das Einzige, was Truchſeß nicht kann.

**Kaiſer.**

Warum ſteht Ihr nicht bei ihm, daß er's thut? warum iſt in ſolcher Zeit der Ritter nicht auf ſeinem Platz?

**Florian.**

Weil ich den Tyrannen verließ, um den Markgrafen zum Zuge gegen ihn zu gewinnen; — vergeblich.

**Kaiſer.**

Gegen ihn, der Ordnung ſchafft?

**Florian.**

Dieſe Ordnung! einen Adel ſtellt er wieder her, der

die Unordnung ewig macht, weil er niemals will, wenn der Kaiser will. Der Adel haßt Euch; das Volk hätt' Euch geliebt. — Und will es keiner der Edlen; ich allein will die Schaar wider ihn führen, und Ihr dankt mir's vielleicht noch, hoher Herr!

**Kaiser.**

Hüte dich, thörichter Mann, du rennst in dein Verderben; du kennst es nicht, das schwankende Rohr, das du Volk nennst. Ich aber vergesse was ich gehört, weil ich Euch für redlich und tapfer halte.

**Casimir** (kommt).

Meine Mannen, die der Majestät Geleit geben, stehen gerüstet.

**Kaiser.**

Ich eile. (Indem er mit Casimir geht und Florian folgen will, winkt er diesem.) Bleibt, Ritter, wendet Euch der guten Sache zu.

**Florian.**

Das hab ich beschlossen! (Als der Kaiser weg ist, die Hand vor die Augen drückend.) O die Menschen! die Kaiser! die Fürsten! — fahret hin! von heut an keine Losung mehr, als: Alles durch das Volk und für das Volk! (Emma erscheint unter der Thür.) Auch sie fahre hin, und wär' sie eines Kaisers Tochter; die Freiheit sei meine Liebe; auf zu ihr!

**Emma.**

Verblendeter! Verlorner! (Indem Florian rasch abgeht, tritt durch die andere Thür ein)

**Casimir** (Florian nachsehend).

Sollt' ich ihn nicht gleich —

**Emma** (rasch).

Nein, Vater, er findet seinen Untergang ohne Euch; aber stolz wird er sein, der Fall, den Florian Geyer thut. Er war der einzige Mann, den ich fand — den ich verlor! (Ab.)

**Casimir** (lacht).

Gute kaiserliche Zeitung: Geschlagen im Württembergischen! Nur zu, Nachbar Florian! Wenn dein Kopf gefallen, schickt sich dein Besitzthum gut in Ansbachische Grenzen. — „Stärket den Kaiser!" sprach die Majestät zu mir; (lacht.) Stärken!! den Kaiser schwächen, ist Fürstenlust; selbst ein Reich sein, gut brandenburgisch! (Geht ab.)

## Zweite Scene.

Bei einem Dorf im Heilbrennischen. Es ist Abend. Die Scene ist vor dem Thor der Kirche, das ins Freie führt. Männer und Weiber eilen in die Kirche, andere gruppiren sich, zum Theil mit offenen Büchern, vor der Kirche. Man hört Orgelklang aus der Kirche und den Gesang der Lutherischen Strophe: „Und wenn die Welt voll Teufel wär." Von einer andern Seite klingt schallendes Schmiedegehämmer.

**Bauer**
(der einwärts durch das Thor horcht, zu den Andern).

Warum ist die Kirche so voll, daß sie uns nimmer fassen kann? Weil der Münzer drinnen predigt. Hört ihr seine Stimme? „Die Herren müssen ab!"

**Volk.**

Ab! ab!

**Anderer Bauer.**

Drüben beim Schmied hämmern sie Schwerter und Spieße, was das Zeug hält. Das ist ein schöner Ostersamstag!

**Prädikant** (der herzutritt).

Und morgen feiert das Volk seine Auferstehung! (Ab nach der Seite des Gehämmers.)

**Bauer** (am Thor, dem Prediger nachsprechend).

Hört doch: „Wie lange schlafet ihr? Alles in deutschen Landen ist auf; wollt Ihr die Hand in den Schoß legen? Laßt Euch erregen und erreget die Brüder! Die Herren müssen dran! dran! Lasset euer Schwert nicht kalt werden und euren Spieß nicht rosten. Ihr werdet nicht los der Furcht und Plag, bis Alle dem Bauer gleich. Es ist nicht euer, es ist des Herrn Streit, in den ihr ziehet. Sein Arm ist über euch. Dran! dran!" (Orgelklang und Schmiedegehämmer.)

**Volk** (in Bewegung).

Dran! dran!

**Bauer.**

Frei sei der Bauer und frei sein Gut.

**Prädikant** (der mit Waffen zurückkommt).

Was faselst du von Gut? Im Hungerbühl hast du dein Theil; der Comthur zu Mergentheim hat dir's abgefressen; da nimm den Spieß und such's in seinem Bauch.

**Volk.**

Dran! dran!

**Prädikant** (zu einem Andern).

Dir wächst der Wein am Bettelrain; der Pfaff hat ihn getrunken; nimm dieses Pfriemen, und zapf' ihn an, daß er das Rothlaufen kriegt.

**Volk.**

Dran! dran!

**Prädikant** (zum Dritten).

Du hast deine sieben Aecker in der Fehlhald'; auf dreien mästet der Baron seine Gäule, auf dreien das

Kloster seine Farren und Säue; vom siebten sollst du dem Kaiser den Schoß geben; aber die Hirsche des Gnädigen haben ihn gespeist; du hast nicht, daß du zahlest, man wirft dich in's Loch und hetzt dir Weib und Kind mit Hunden, wenn sie nach Brod schreien. Nimm diese Axt, und schlage den Wald und den Hirsch, den Herrn und den Pfaffen.

**Die schwarze Hofmännin** (hereineilend).

Hilfe! Hilfe! sie haben meinen Mann erwürgt! kommt das Kloster und fordert den Sterbfall, — meine einzige Kuh; zwei Knechte führen sie weg! (Ab, mit ihr einige vom Volk unter lautem Toben.)

**Bauer** (am Thor).

Hört! „Morgen werdet ihr ausziehen und der Herr wird mit euch sein!" (Gesang und Orgel. Volk kommt aus der Kirche, theilweise vorübergehend, theilweise unter die Anwesenden sich mischend.)

**Steinmetz**
(kommt von der Seite, hinter ihm ein Haufe Bauern mit allerlei Waffen und einer Fahne).

Was ist nun wieder für ein Wesen?

**Bauer.**

Wir mögen vor Herrn und Pfaffen nit genesen.

**Steinmetz.**

Warum tragt ihr den Bundschuh in eurer Fahne und wehret euch nicht? Bald ziehen sie euch auch die Schuh noch aus, dann könnt ihr euch Baarfuß nennen statt Bundschuh, und die Haut vom Kopf, wenn ihr noch einen habt. (Hinausblickend zu sich.) Wenn sie mich jetzt nur säh' und hörte!

**Bauer.**

Ist das nicht der Doctor, der uns die Schriften gemacht? 's hat Hand und Fuß, was er schreibt.

**Anderer Bauer** (leise).

Aber ich trau ihm wie dem Marder im Taubenschlag mit seinen spießgläsernen Fuchsaugen.

**Steinmetz** (singt).

Ich hab' kein Pulver und hab' kein' Stein,
　Der den Bauer möcht' schießen,
Ich hab' kein' Sabel und hab' kein' Spieß,
　Der den Bauer möcht' stechen,
Ich hab' kein' Kolben, kein' Hellepart,
　Die den Bauer möcht' fangen und schlagen!

**Bauer.**

Das ist ein lustig Lied, Doctor, zieht mit uns.

**Anderer Bauer.**

Morgen ist der Bauern Auferstehung.

**Alle** (durch einander).

Zieht mit uns!

**Steinmetz.**

Bis in den Tod! — Aber ich weiß euch einen Bessern. (Für sich.) Er sollte schon hier sein, hab' ihn doch auf den rechten Weg gelockt.

**Bauer** (der herzueilt).

Ein Sturm ist geschehen, die Bauern sind Herr. Ein Ritter brauste daher mit einer Schaar, als wär's der Satan und jagte die Reisigen des Junkers, bis im Fluß ersoff, was nicht erschlagen ward. Der muß unser Hauptmann sein. (Zeigt.) Dort kommt er.

*Florian erscheint mit Marie von der Seite im Hintergrund an der Spitze von lauter regelmäßig Bewaffneten. Steinmetz lauscht gespannt.*

**Florian** (eh er vorwärts kommt).

Das wär' gethan!

**Marie.**
Saht ihr's, wie das Volk Euch fast die Füße küßte?
Und wie die Bewaffneten Euch zuliefen?

**Florian.**
Was Wunder, wenn sie einem solchen Adel entlaufen?
Dem bleibe kein Stein auf dem andern!

**Marie.**
All' die Burgen? Ritter, mir bangt um Euch!

**Florian.**
Es sind die Horste, darin die Adler den Raub verzehren; zu Boden mit ihnen, und wenn ich dran zu Grunde geh! — Doch du hast meine verwundeten Leute verbunden! Und willst mir weiter folgen? Noch hat's kaum angefangen.

**Marie.**
Gestern sprach ich zu mir: Ist es nicht böse, daß du dem Mann auch darum gut bist, weil er so stattlich und schön? Du solltest ihn nur lieben, weil er sein Volk retten will. Aber kann ich den Einen scheiden vom Andern? Herrlicher Mann! soll ich Euch wieder Kugeln gießen für Eure Leute?

**Steinmetz**
(mit verbissenem Ingrimm zu sich).
Daß ihn die erste davon träfe!

**Florian.**
Tapferes Kind, du wirst viel Arbeit mit mir haben; man wird mir fluchen.

**Marie.**
Ich will Euch segnen.

**Florian.**
Sie werden mich ächten wie den Hutten.

#### Marie.
Ich will Euch bergen, wachsamer als ihn.
#### Florian.
Wie verdien' ich das?
#### Marie.
Weil Ihr zu den Worten, die er lehrte, die Thaten thut.
#### Florian.
Sie werden mich tödten.
#### Marie.
Ich will mit Euch sterben, weil ich keinen Mann kenne, mit dem ich leben möchte, wenn Ihr nicht wäret.
#### Florian.
Engel der Aufopferung! Hast Vater und Mutter verlassen um meinetwillen; was wird dir dafür?
#### Marie.
Ich hab' Euch, das ist Alles, was ich brauche.
#### Florian.
Daß solche Blumen sterben müssen!
#### Steinmetz
(indem Florian mit Marie und den Bewaffneten vorwärts kommt, knirschend zu sich).

Die buhlerische Metze! Und doch kann ich nicht sagen: Fahr' hin! Das Widersinnigste thu' ich wie ein Unmündiger. (Laut zu einem Bauer.) Träge Sklaven! Dein Vater ward gehenkt, weil er im Herrschaftacker Rüben stahl, da will deine Mutter sich im Fluß ertränken; aber die Wehen packen sie und sie bringt dich zur Welt. Am Ufer findet man im Schlamm dich lebend, deine Mutter todt. Im Bettelhaus zieht man dich auf mit Schlägen und Hunger. Warum soll man's nicht treten und schlagen, das Findelkind?

**Bauer.**
Ich will's vergelten. Auf und dran!

**Florian.**
Das lautet munter. Elend zeugt verwegene Stimmung; die brauchen wir.

**Steinmetz**
(als hätt' er ihn bisher nicht bemerkt).
Herr, Ihr seid —

**Florian.**
Ein Mann, der gradaus geht und aufräumt.

**Steinmetz.**
Da findet Ihr viel zu thun; aber (auf das Volk) auch viele, die Euch helfen.

**Ein Bauer** (zum andern).
Was schwefelt denn der Advokat dem Volk wieder unter der Nas herum? Ist irgendwo noch nicht genug gepfändet und geviertheilt? 's ist schad um das Essen, das in dem Kerl verfault.

**Anderer Bauer** (zu Florian).
Herr, wir ziehen mit Euch.

**Die Andern.**
Wir Alle! Alle!

**Steinmetz.**
Und hunderte aus allen Dörfern bring' ich Euch. — Wer ist die Jungfrau?

**Marie.**
Kennst du mich denn nicht, Doctor Steinmetz, der in meines Vaters Haus immer zweierlei Gesichter machte, eins für die Herren, eins für's Volk? Hast du dich gebessert?

#### Steinmetz.

O, wenn Ihr mich kenntet! Seid Ihr vielleicht Maria Weigand, die ihr trauernder Vater suchen läßt?

#### Marie.

Er wird sich trösten, wenn er weiß, was ich that.

#### Steinmetz.

Will's ihm rühmen, was Ihr für den hochverdienten Hutten gethan.

#### Marie.

Als wüßtet Ihr das!

#### Steinmetz.

Soll ich Euch nicht, es wird kühl, Euren Mantel umhängen, den Ihr im Donauland verloren?

#### Marie.

Hängt ihn einem Armen um, den Ihr ausgezogen. Nein, gebt her, er soll nicht in Eurer Hand sein. (Zu Florian.) Habt ein Aug' auf den; er war auch dabei, als man den armen Prediger zum Tod führte.

#### Florian.

Laß ihn; zum Werber und Schreiber ist er gut; des Volkes Rache über ihn, ist er ein Verräther. (Zu den Bauern.) Habt ihr Waffen genug?

#### Ein Bauer.

So ziemlich.

#### Florian.

Gehet in's Dorf; es wird dunkel, morgen mit dem frühsten sei versammelt, was Waffen führt; kein Unbewehrter sei dabei. Und Ordnung haltet, strenge; wer nicht Zucht halten kann bis zum Sterben, bleibe gleich zu Haus. Sie heißen euch das Gesindel; in meiner Schaar sei keiner, dem dieser Name paßt. Nach der Musterung ziehen wir auf Heilbronn.

**Ein Bauer** (ängstlich).

Nach der Stadt? Dort hab' ich Vettern, die zu den Herrn halten; wenn sie mich sähen!

**Steinmetz.**

Wasch dich, Stachelschwein, so kennt dich kein Mensch.

**Florian.**

In der Stadt halten sie Rathsversammlung. Derweil ich mitrathe, was Rechtens, verseht ihr euch mit schwarzer Rüstung, wie die, (auf die Leute, die er mitgebracht) daß man euch alle kenne aus den andern, und die „schwarze Schaar" soll sie heißen, die Schaar, die Florian Geyer führt.

**Marie.**

Und ich bin Euer Waffenträger! (Florian ab mit Marie und seinen Leuten, hinter ihnen das Volk.)

**Steinmetz** (der zurückgeblieben).

Nur zu! Ich hab' ihm Kerle zugeführt, nimmt er die auf, so geht er gewiß zu Schanden; jagt er sie fort, so bringen sie ihn von hinten um. — Und deinem Vater, Mariechen, wird's das Concept der Freiheit im Rath verderben, wenn er sieht, wohin sein Töchterlein mit der Freiheit gerathen. (Geht ab den Vorigen nach. Der Vorhang fällt.)

# Dritter Act.

## Erste Scene.

**Ein Saal zu Heilbronn.**

Weigand. Steinmetz. Gleich darauf die übrigen Räthe vom Reichsverfassungsausschuß. Zu ihnen Wilhelm v. Grumbach, Georg Metzler.

### Weigand
(zu Steinmetz, während die andern kommen).

Mein Kind! Meine Tochter! Werde zum Greis vor der Zeit.

### Steinmetz.

Ich verschaffe sie Euch heute noch; und wem verschaffet Ihr sie?

### Weigand.

Erst dem Vater sein Kind! (Nimmt mit den andern Räthen Platz an einem Tisch, worauf Papiere ec.)

### Grumbach.

Wir sind gekommen, der Herren Rath und Antrag zu hören.

### Weigand.

Der Rath hat erwogen und aufgesetzt, welche Fürsten und Herrn für und wider uns, welche Haufen gegen diese, gegen den schwäbischen Bund, Köln und Trier, ob fremde

Fürsten und Söldner werben, wann und wo die Reformation vorzunehmen, wie viel Räthe von Fürsten, Adel und Volk.

**Metzler.**
Das könnte leicht Alles zu spät sein.

**Grumbach.**
Und viel zu sanft dazu. Das Eisen ist heiß — schmiedet's!

**Weigand**
(ein Papier vom Tisch nehmend).

Und also ist beschlossen von uns, den erwählten Räthen, der Entwurf einer Verfassung des Reichs, den Luther selbst gebilligt, und lautet: (Zu Steinmetz, dem er das Papier gibt.) Lest die Artikel, wie Ihr sie abgeschrieben diese Nacht.

**Steinmetz** (liest).

1) Alle Geistlichen hoch und nieder werden reformirt.

2) Alle weltlichen Herren werden reformirt. Gleiches schleuniges Recht dem Höchsten wie dem Geringsten. Fürsten und Edle erhalten für Schutz und Hilf der Armen ein ziemlich Einkommen.

3) Alle Städte und Gemeinden werden zu christlicher und natürlicher Freiheit reformirt. Alle Bodenzinse sind lösbar.

4) Kein Doctor römischen Rechts kann zu einem Gericht oder in eines Fürsten Rath zugelassen werden; nur drei Doctoren des kaiserlichen Rechts auf jeder Universität.

5) Kein Geistlicher kann in des Reiches Rath sitzen, oder ein weltlich Amt bekleiden.

6) Alles alte weltliche Recht im Reich ist ab und todt, und es gilt das göttliche und natürliche Recht, daß der arme Mann seinen Zugang zum Recht habe, wie der vor-

nehmſte. Vierundſechzig Freigerichte im Reich, ein kaiſer=
lich Kammergericht, alle mit Beiſitzern aus allen Ständen,
doch ſo, daß das Volk vier Stimmen mehr hat.

7) Alle Zölle hören auf, außer denen, die zu Brücken,
Wegen und Stegen nöthig ſind.

8) Alle Straßen ſind frei; alles Umgeld iſt ab.

9) Keine Steuer als die Kaiſerſteuer.

10) Nur Eine Münze in deutſcher Nation.

11) Gleich Maß und Gewicht überall.

12) Einſchränkung des Wuchers, der alles Geld in
ſeine Hände zieht.

13) Freiheit des Adels von jedem geiſtlichen Lehen=
verband.

14) Aufhebung aller Fürſten=, Herren= und Städte=
bündniſſe; überall nur Schutz und Schirm des Kaiſers.

**Metzler.**

Gut erwogen und aufgeſetzt, Herr Weigand.

**Steinmetz.**

Nicht wahr, Herr Metzler, und die zwölf Memminger
Artikel wohl benutzt und erläutert.

**Metzler.**

Aber zu ſpät. Und meint Ihr, die Herren gäben
ſich drein?

**Grumbach.**

Sie müſſen; wir zwingen ſie dazu und zu viel mehr.

**Metzler.**

Wer? die Edlen? Sieht nicht darnach aus, wie ſie mit
dem Truchſeß das Volk ſchlagen an der Donau, im Schwarz=
wald.

**Grumbach.**

Ein Bauernheer ſteht eheſtens zuſammen wider ſie.

**Steinmetz.**
Und mit den tapfersten Führern; Volk und Führer wie aus Einem Guß!

*Florian und Marie erscheinen mit einigen von der schwarzen Schaar, von den Anwesenden unbemerkt.*

**Weigand.**
Und an die Hauptleute der Volkshaufen ist geschrieben, nach Baiern, Hessen, Pfalz, daß sie ehestens auf Heilbronn ziehen und unsre Meinung vernehmen, geschrieben ist an die Herrn, geistlich und weltlich, da Hoffnung ist, daß sie beihelfen. Und ein oberster Hauptmann sei erwählt.

**Marie.**
Hier steht er, Friedrich Weigand.

**Weigand.**
Wer spricht?

**Marie** (vortretend).
Deine Tochter!

**Weigand** (höchst erregt).
Ehrvergessene! Du —

**Florian** (sie an der Hand fassend).
Halt! Wenn es Eurem Haus einmal an Ehre fehlt, so ruft diese Perle, die selbst nicht weiß, von welchem Werth sie ist.

**Weigand.**
Und das sollt' ich von Euch erfahren, über mein Kind, das die Pflicht so vergaß und davon gieng.

**Florian.**
Um zu suchen, was Ihr selbst wollt, Hilfe der Freiheit, dem Volke.

**Steinmetz** (eilfertig).
Ja und den Ritter Hutten, den geächteten, zu schützen

und Herrn Florians — (auf ihn zeigend laut) Herrn Florians Leuten Kugeln zu gießen.

**Marie.**

Lob von dir brennt wie Nesseln; die rühr' ich nicht an.

**Weigand.**

Ritter Florian! — und meine Tochter!

**Marie.**

Ja, Herr Florian, mein Herr und Euer Hauptmann! Und Eure Tochter, die davon gieng, weil dem verlassenen Hutten in der Angst kein Mensch das Geleit wollte geben, davon gieng ungefragt, weil Ihr die Erlaubniß nimmer gegeben hättet.

**Metzler.**

Wackere Jungfrau! (Zu Florian, die Hand ihm drückend.) Gott helf Euch und die Freiheit! so grüßt Euch Georg Metzler, der Wirth, Hauptmann des Odenwälder Haufens. Welchen führet Ihr, Ritter?

**Florian.**

Keine Landsmannschaft, keinen Gau; meine Fahne winkt jedem, der die Freiheit will oder den Tod.

**Weigand.**

Da hätten wir bald ein Lager im Saal statt des Raths.

**Florian.**

Das thut noth, Herr Vogt.

**Weigand.**

Warum nicht gütlich verhandeln vor der Gewalt?

**Florian.**

Ist das nicht worden seit zehn und hundert Jahren, vergeblich?

**Grumbach.**

Sollen wir nicht Gewalt brauchen gegen die Gewalt?

**Florian.**
Die statt Verhandelns ein Bauernheer um das andere niederwirft?

**Metzler.**
Und wie viele sind der Ritter, die sich zustimmend halten zur Reformation?

**Weigand.**
Mein Herr, der Churfürst von Mainz, der mich selbst in diesen Rath entsendet, hält zu Luthern, und wird sich ehestens ehlichen.

**Steinmetz** (lacht).
Mit der Rübingerin? Dann sing ich das Hochzeitlied:
Behüt' uns Gott vor zweierlei
An der Seele und am Leibe:
Vor einer losen Clerisei
Und einer Hur' zum Weibe!

**Weigand.**
Bändigt Euer los Maul, Doctor. — Die Grafen von Hohenlohe!

**Grumbach.**
So lang die Haller sie zwingen.

**Weigand.**
Der Churfürst von Sachsen!

**Florian.**
Der einzige Fürst jetzt, der ganz ein Herz hat für das Volk, der sein Vater ist! — Aber selbst schwer beschäftigt in Thüringen.

**Weigand.**
Der Graf von Wertheim!

**Metzler.**
So lang man ihm seine Weinberge nicht zertritt.

Weigand.
Götz von Berlichingen!
Grumbach.
Den sie zum Hauptmann zwangen; wird er aushalten?
Weigand.
Der Markgraf zu Ansbach!
Florian.
Wie schnell der zu helfen ist, hab' ich gesehen. Nein, das Verhandeln ist aus: Für oder wider? — Vor Heilbronn steht meine Schaar.
Weigand.
Aber die Reichsverfassung?
Florian.
Kenn' ihre Artikel (mit einem Blick auf Steinmetz) seit heute Nacht.
Weigand.
Der Kaiser!?
Florian.
Kaiser und Verfassung — wenn der Feind am Boden!
Metzler.
Fürtrefflich, Ritter!
Grumbach.
Und wir dictiren, was Verfassung heißt!
Florian (zu Weigand).
Schafft uns das bewaffnete Volk von Heilbronn.
Weigand.
Ihr mir meine Tochter.
Florian.
Hier steht sie, sie ist frei.
Weigand.
Komm zu mir, Kind, ich verzeih dir.

#### Marie.

Friedrich Weigand, vergeßt Ihr, was der weiseste Knabe sprach, als die Mutter ihm sein Ausbleiben verwies? — Eins ist jetzt vonnöthen. (Tritt dicht zu Florian.)

#### Weigand (bewegt).

Tag und Nacht hab' ich gesonnen über die Mittel sanfter Besserung der Zeiten — und nun Gewalt! (Zu Florian.) Ich bitt' Euch, Ritter, verziehet!

#### Florian.

Eine Minute.

#### Weigand (zu Marie).

Zweimal ruft ein Vaterherz dem Kind; ist des Kindes dritter Ruf nicht: Vater?

#### Marie (ihm herzlich die Hand drückend).

Ewig Dank dir, daß du mich werden und erkennen lehrtest, was ich bin und erkenne; einen Händedruck dem Abschied! Aber mein Blut für die Freiheit, die du mich gelehrt und Hutten und (auf Florian) dieser Mann! (Nachdem sie Weigand rasch geküßt, an Florians Seite.)

#### Weigand
(nachdem er eine Thräne zerdrückt, zu Florian).

Ich schaff' Euch Heilbronns Mannschaft. (Schreibt und reicht das Blatt an Steinmetz, der es durch die Thür abgibt und zurück-kommt.)

#### Florian (zu Weigand).

Aengstet Euch nicht; Recht und Gesetz will ich wie Ihr; aber erst mit den Raubnestern nieder, die des Volkes Wider=sacher bergen!

#### Weigand.

Diese Burgen haben sie und ihre Väter gebaut, sie sind ihr Eigenthum.

#### Florian.
Von ihnen aus zertreten sie das Eigenthum des Bürgers.
#### Metzler.
Nieder mit ihnen!
#### Grumbach.
Und mit ihren Herren! (Zeichen des Erstaunens unter den Räthen.)
#### Weigand.
Wohin sollen die Verjagten ziehen?
#### Grumbach.
Mit uns, oder sterben.
#### Florian (ernst zu Grumbach).
Nicht sterben, Grumbach, wenn wir sie erhalten können, aber in die Städte und Dörfer ziehen, wie wir auch.
#### Grumbach.
Wie wir auch? Du? — und ich? die Sieger!
#### Florian.
Warum wir nicht? Wenn Alle gleich sind? Alle!
#### Metzler (freudig).
Alle! (Zeichen des Unwillens in der Rathsversammlung. Steinmetz nistet sich flüsternd an Grumbach.)
#### Florian.
Drüben vor Weinsberg hält Jäcklein Rohrbach den Grafen von Helfenstein belagert. Hinüber, daß wir die Veste brechen; schwören soll er zu uns und der Freiheit; Euch aber, Herr Weigand, schwör' ich, daß es schwer büßen soll, wer Jemand, sei's Herr oder Bauer, an Leben und Habe schädigt anders, denn der Krieg es fordert.
#### Grumbach.
Ziehen wir lieber gleich heim! Leib und Habe schonen dem Feind? Träumst du?

**Steinmetz** (leise zu ihm).

Zieht voran gen Weinsberg und thut was recht.

**Grumbach.**

Das will ich! (Geht).

**Florian.**

Halt, Grumbach!

**Grumbach.**

Vor Weinsberg wieder! Noch schwor ich nicht zu deiner Fahne! (Ab.)

**Weigand** (zu Florian).

Schont die Schlösser der Edlen, wir könnten sie noch wohl brauchen!

**Florian.**

Wenn der Sturm einbricht, dem Bauer den Hagel auf das Feld, den Strom in den Acker wirft, wenn er den Thurm auf die Bude des Krämers und Handwerkers schleudert, geben sie sich nicht, und fangen, wenn der Sturm verbraust ist, wieder an zu säen, zu hämmern, zu handeln, nur geschickter, fürsichtiger! Verklagen sie den Sturm und den Blitz? — Der Sturm aber, der heute geht, kommt vom Himmel, unaufhaltsam wie jener, und wir sind seine Gesellen. Ueber zerbrochenen Burgen und Schlössern baut ein neues Geschlecht den Acker und die Werkstatt. Sturm auf die Burgen! sie sind die Hand= und Fußketten am Leibe des Volks, am Kaiser und Reich, sind die Schlagbäume zwischen Handel und Wandel, daß der Süden nicht sei ein Bruder des Nordens, und das Volk nicht wie der Edle. Nieder mit den Schlagbäumen der Freiheit! Keine Burg soll stehen bleiben, keine!

**Marie** (begeistert).

Aber Ihr sollt stehen und die Freiheit!

**Metzler.**
Befehlt, Ritter, ich bin der Eure!
**Florian.**
Zieht dem Frauenberg bei Würzburg zu und thut das Beste, bis ich komme. (Mit Marie und Metzler rasch ab.)
**Florians Leute** (ab mit dem Ruf).
Nieder mit den Burgen, nieder!
**Weigand**
(wie aus einer Betäubung erwachend).
Ich bin ein überlebter Mann, und hab' es selbst er=schaffen helfen: — o schwer Geschäft um die Freiheit! — — Nein, gut Vernehmen mit den Edlen soll nicht aufhören.
**Steinmetz** (herbeischleichend).
Nie und nimmer, Herr Vogt; ich will's Euch unter=halten helfen.
**Weigand.**
Und mein Kind! Ich verlassener Mann!
**Steinmetz.**
Ich rett' es Euch. Will gleich hinüber vor Weinsberg und der Dinge warten.
**Weigand.**
Ich glaub' Euch, und glaub' Euch nicht, wie immer.
(Spricht leise mit den andern Räthen.)
**Steinmetz**
(indem er abgeht, für sich).
Geprellter Alter! von einem ungezogenen Kind in zwei Wochen zum Greis gebeugt. Gelt, und die Freiheit ist dir über'n Kopf gewachsen, Sklave, der nicht aus der Herren Fesseln kann! (Weigand mit den andern Räthen ab.)

## Zweite Scene.

Gegend vor Weinsberg. Auf einer Anhöhe. Es ist vor Tagesanbruch. Widerschein von Feuer; Schüsse, welche allmählig seltener werden, alsdann Musik von lustigen Pfeifen und Trommeln.

**Bauer aus der zweiten Scene des zweiten Acts kommt mit mehreren andern bewaffnet; sie tragen eine Weinbütte, Kelche und Becher. Ein anderer tanzt mit einem über die Schultern geschlagenen Meßgewand herein.**

### Bauer (lacht).

Seht den Buckligen, wie dem das Meßgewand fliegt im Walzer. (Gelächter.) Der war auch dabei, als wir drin im Schloßkeller den Fässern die Böden eingeschlagen, den Wein aus der Blechhaube des Gnädigen gesoffen und Säcke mit Waizen in's Feuer geschüttet. Und da wir die alten Urkundenbücher in die Flamme geschmissen, was meint ihr, wie die Zinshähne, die drin standen, aufgeflogen, da einer, dort einer, und Kikeriki dazu geschrien! (Hinausschauend.) Brennt wacker drüben. Den Helfenstein hätten wir und Weins genug. Da schöpft und trinkt mit den gestohlenen Kelchen; die Nacht giengs heiß zu. (Schöpfen und trinken.)

**Gräfin von Helfenstein mit einem Kind auf dem Arm stürzt herein.**

### Gräfin.

Eilt, gutes Volk, helft, sie wollen meinen Mann tödten!

### Bauer.

Hat er geeilt, uns zu helfen?

### Gräfin (auf den Knien).

Pardon dem Grafen von Helfenstein! ich und der Kaiser danken's euch.

**Bauer.**
Um kein Gold der Welt! Nix Pardon! Die Herren haben lang genug gelebt; der Bauer soll leben! (Stoßen an und trinken. Die Gräfin eilt hinaus.) Und wie der andre Edelmann sich auf den Thurm geflüchtet! hipp, hopp wir ihm nach mit Fackeln, erwischen ihn zwischen dem Glockengestühl! Auf den Knieen bat er; nix Pardon! hinaus flog er zum Schallloch wie eine Fledermaus, grad in ein brennend Haus nebenan — ein fürnehmer Braten! (Trinken und lachen.)

Die schwarze Hofmännin kommt.

**Hofmännin.**
Gott segne's, ihr Herren; hab' auch nit frühgestuckt. (Nimmt einen Becher und trinkt). Gut Gewächs! aber den Herrn das Leben schenken, das schmeckt nicht wie Weinsberger; pfui!

**Bauer.**
Wer will das?

**Hofmännin.**
Wer's will? Pfui, der Florian will's, bei schwerer Straf', wer's anders will. Den Herrn das Leben — die mir den Mann erwürgt, die Kuh gepfändet, die Tochter entführt! Jeden Blutstropfen mit einem besondern Messer möcht' ich ihnen auslassen. Drei Nägel will ich schlagen an die Kirchthür und an's Rathhaus und an den Marktbrunnen, und der Prädikant soll mir die Namen aufschreiben, so für der Herrn Leben reden und die Namen will ich hängen an die Nägel, jeden dreimal durchstochen, daß versieche und verdorre das Herz, das den Namen führt. (Während ihrer Rede hat sich Steinmetz genähert.) Den Helfenstein leben lassen, den Uebermüthigen!

**Steinmetz.**

Er wird nicht leben, Hexe; kin hinter dem Jäcklein hergewesen, der spielt ihm mit zwanzig Spießruthen auf; hört ihr das Liedel dazu?

**Hofmännin.**

O du goldener Fuchs! Komm', ich küss' dich. (Will ihn umarmen.)

**Steinmetz.**

Hu, da könnt' ich das Halsbrennen kriegen; lieber Spießruthen!

**Hofmännin.**

Gelt, Fuchs, Vogt Weigands Töchterlein wär' dir lieber.

**Steinmetz.**

Schaff mir sie, so darfst du zur Hochzeit.

**Hofmännin.**

Die gibt dir der Vater, oder Herr Florian, weil du ihren Willen so getreu ausrichtest und den Jäcklein auf den Grafen gehetzt.

**Steinmetz.**

Freut's dich nicht, Hexenkraut, wenn ich dem Ritter das Spiel verderbe?

**Hofmännin.**

O, freut mich, daß ich dir dafür das Kaiserkind, die Helfensteinin, in dein Bett wünsche. (Gelächter.)

Grumbach entwaffnet, wird von mehreren aus Florians Schaar, darunter der in der zweiten Scene des zweiten Acts, hereingeführt.

**Grumbach.**

Das sollst du büßen, Florian!

**Steinmetz.**

Was ist Euch, Ritter?

**Grumbach** (zum Bauer).

Gib deinen Spieß!

**Bewaffneter** (aus Florians Schaar).

Halt, Ritter, hieher hieß uns Herr Florian Euch bringen unbewaffnet.

**Grumbach**
(will dem Bauer den Spieß entreißen; Florians Leute verhindern es).

Schwert und Dolch über ihn und euch!

**Steinmetz.**

So sprecht doch, Ritter, warum ohne Waffen? Habt Ihr nicht laut genug gepfiffen zum Tanz des Grafen von Helfenstein? Oder war's dafür, daß Ihr die Nacht einen Juden, der friedlich seines Wegs zog, ausgeraubt und ihm den Buckel blutig gestrichen?

**Grumbach.**

Hallunke!

**Steinmetz** (spottend).

Ja, Herr Florian ist ein strenger Herr!

*Andere von Florians Schaar bringen Jäcklein Rohrbach mit auf den Rücken gebundenen Händen.*

Halt!

**Hofmännin.**

Hi, ha! Armer Jäcklein, welcher Satan that Euch das? (Zum Bauer.) Hilf mir! (Will ihm den Strick lösen.)

**Bewaffneter** (wehrt sie ab).

Halt, Weib!

**Jäcklein.**

Laßt nur; Florian, der mich binden ließ, soll mich lösen.

**Grumbach.**

Auch Er? der Allmächtige!

**Steinmetz** (zu Rohrbach).
Hast du einen Juden beleidigt, daß dir so übel geht?
**Bauer**
(schnell, indem er hinausblickt, zu dem andern).
Du, das Meßgewand weg! ihr andern die Kelche! Er kommt.

*Florian tritt auf mit seiner Schaar: die schon Anwesenden drücken sich auf die Seite.*

**Bewaffneter** (im Kommen zu Florian).
Das war ein grausig Feuer, Herr, das vom obern Land herabschien.
**Florian.**
Schloß Hohenstaufen stand in Flammen.
**Bewaffneter.**
's ist schad, ein stolzes Schloß!
**Florian.**
Dieses Geschlechtes Herrlichkeit ist um; die Bausteine sollen fortan im Thal unten dem Gewerk dienen.

*Marie führt einen Verwundeten herein.*

**Marie.**
So, tapferer Mann, das Blut läßt schon nach; kommt, ich führ' Euch beiseit, daß Ihr einen warmen Schlaf thut.
(Steinmetz zieht sich nach derselben Seite, nach der sie geht.)
**Florian** (ruft).
Den Ritter Wilhelm von Grumbach führet vor. (Bewaffnete bringen ihn.) Weil du wie ein Räuber an Leib und Gut eines Wehrlosen dich vergriffen, so sei gestoßen aus meiner Schaar.
**Grumbach.**
Der kann mich nicht verstoßen, dem ich nie geschworen.

#### Florian.
Du standest auf dem Boden, da ich der Hauptmann bin. Treff' ich dich bewaffnet wieder, bist du mir wie jeder andre Feind. Geh zum Truchseß; plündere wo du willst; meine Nähe meide. (Zu seinen Leuten.) Bringt ihn über Weinsbergs Grenzen.

#### Grumbach.
Aufrufen will ich wider dich den Fluch, aufrufen den Haß, die Rache und den Tod! (Geht ab; zwei Bewaffnete folgen ihm.)

#### Hofmännin (ihm nach).
Amen!

#### Florian (ruft).
Jäcklein Rohrbach! (Bewaffnete bringen ihn.) Du hast den Besiegten gemordet, meinen Namen beschimpft, hast der ganzen Erhebung das Schandmal auf die Stirn' gebrannt und recht gegeben dem Feinde, der spricht: Ihr seid zusammengelaufenes Gesindel, Mordbrenner, Mörder und Diebe; die ganze Reformation hast du besudelt, daß mir die Guten fluchen werden. (Gemurmel; die Hofmännin hält kaum an sich.)

#### Rohrbach.
Habe gethan, frei wie du, was ich gewollt, und die Andern gut geheißen; kommandire selbst wie du! Laß mich los; oder die Bauern über dich!

#### Florian.
Drohe, elender Eigendünkel!

#### Rohrbach.
Eigendünkel gibt das beste Brod; du lebst auch davon.

#### Florian.
Dem Feind, vor dem er unsere Sache beschimpft, send' ich ihn gebunden, er zieht rasch auf Weinsberg zu: Georg

Truchſeß ſoll dem Mörder des Grafen thun, was ihm gebührt, und ſehen, wie's Florian Geyer meint. (Stimmen des Erſtaunens.)
**Rohrbach** (lacht wild).
Dem Truchſeß? Teufel! Immerzu, Florian, noch entkomm' ich wohl. Dir aber geſchehe wie dem Grafen!
**Hofmännin.**
Hilfe! Rache! — Mord und Meineid am Volk! (Will mit der Senſe, die ſie dem Bauer entreißt, auf Florian zu; ein Bewaffneter hält ſie ab.) Alles Volk ruf' ich zuſammen; Spieß und Feuer über dich, Mörder von Adel. (Auf ihn und Marie, welche zurückgekommen.) Dir und deiner Metze den Tod von Volkeshand! Ohne Obdach, ohne Schutz und Schirm ſollſt du verderben! (Steinmetz iſt hinter Marien wieder eingetreten.)
**Rohrbach.**
Die Hölle ſegne deinen Wunſch, Gevatterin. (Sie geht wild ab, ihr nach die zuerſt gekommenen Bauern.)
**Florian.**
Laßt das Ungethüm toben und bringt den Gebundenen mit meinem Auftrag an Truchſeß dem Rathe zu Heilbronn. (Mehrere Bewaffnete ab mit dem Gebundenen.) Jetzt auf durch Franken! Sei tapfer, ſchwarze Schaar, vor'm Frauenberg erwartet dich heiße Arbeit.
**Steinmetz** (beiſeit).
Würzburg! — ſchmier' deine Sohlen, Steinmetz. (Geht ab.)
**Marie.**
Ritter, Euch zieht ein rother Streif über die Stirn, wie eine Flamme.
**Florian.**
Es iſt die Flamme der Scham, die innen brennt. (Geht raſch ab mit Marie; die ſchwarze Schaar folgt ihnen.)

## Dritte Scene.

Zu Giebelstadt auf Florians Stammburg.

Frau v. Geyer, Bertha v. Geyer kommen.

Frau v. Geyer (gebeugt, im Kommen).

Herznagender Gram und ewige Schande: Mein Sohn! Dein Bruder! Führer des Aufruhrs! Zerstörer der Schlösser! Wär' ich gestorben vor diesem Tag der Schmach! Hätt' ich ihn nie geboren, den Ehrlosen! Es tödtet mich! (Die Hände an's Herz gepreßt) mein eigen Geschlecht!

Bertha.

Der Beleidiger meines Verlobten! Arme Mutter!

Grumbach (der eintritt).

Er zieht das Land herauf mit seinen Haufen; sie schwellen an wie Wasserfluten. Ich habe das Schloß mit Bewaffneten umstellt.

Bertha.

Himmel!

Frau v. Geyer (stolz).

Dieses Schloß? Laß sie abziehen, die Knechte; dieses Schloß berührt mein Sohn nicht.

Grumbach.

Ihr kennt ihn nicht, den Aberwitzigen. Ich Thor, der seit Weinsberg noch die Edlen beraubte, die seine Feinde gewesen wären, durch ganz Franken herauf! Ich Thor, der von den Fürsten und Herren sich getrennt, weil ich ihm geglaubt! Aber ich bin der Ihre wieder; sie sollen mich schützen. Enterbt ihn, Mutter! — Und ich will ihn —

Frau v. Geyer (stolz).

Nein, Thor, du wirst ihn nicht — Du wirst keinen Edlen von Geyer! Und dieß Schloß berührt er nicht. Doch was mein Sohn nie gethan: daß du ge raubt, mag dir meine Tochter verzeihen, wenn sie kann; ich nicht! (Man hört Schüsse.)

**Bertha.**

Gott! Grumbach! Mutter! (Stille tritt ein.)

**Grumbach** (ist an ein Fenster getreten).

Meine Leute sind gewichen. (Man hört von unten reden. Grumbach ruft durch's Fenster): Dein Herr soll selbst kommen und Einlaß begehren. (Draußen Kampflärm. Grumbach kehrt zu den Damen zurück.) Es ist seine Schaar, die Einlaß begehrt. (Tritt wieder an's Fenster.)

**Florians Stimme** (von unten).

Wer verschließt mir den Sitz meiner Väter?

**Grumbach.**

Deine Mutter!

**Florians Stimme.**

Die du belogen über mich! Oeffne! Sie soll ihren Sohn hören.

**Grumbach.**

Sie hat ihn verworfen!

**Florians Stimme.**

Betrüger! — Auf, meine Leute, zum Sturm! Feuer auf das Vorwerk! (Massenfeuer und Stöße.)

**Grumbach** (zu Frau v. Geyer).

Hört Ihr? und glaubt Ihr nun?

**Frau v. Geyer.**

Nicht, bis ich ihn sehe.

**Florians Stimme** (von unten).

Feuer auf das Vorwerk! (Schüsse, Stöße und dröhnender Fall.) Das Vorwerk liegt! Sturmleitern an das innere Schloß! Mir nach! Ersteigt die Mauern! (Getös von außen.)

**Grumbach** (zu den Frauen zurück).

Er stürmt!

**Frau v. Geyer.**

Zerreißt, ihr Bande des Bluts; er war nicht mein Sohn; einen Solchen hab' ich nie geboren! (Sinkt nieder.)

**Grumbach** (sie aufzurichten bemüht).

Sie stirbt!

**Bertha** (ihm beistehend).

Gottes Erbarmung! er hat sie getödtet! (Beide bringen sie in eine Nische, die ein Vorhang verhüllt, während draußen das Getös fortdauert.)

**Grumbach.**

Rette dich, Bertha.

Bertha eilt links ab, indessen rechts ein Fenster einstürzt. Durch dasselbe bringt ein **Florian**, von vielen seiner Leute gefolgt.

**Bewaffneter** (während sie eintreten zu Florian).

Sieben Mann erschlug die Mauer.

**Florian.**

Das Herz blutet mir um sie; doch wenn's an mich kommt, duld' ich's auch. (Auf Grumbach.) Hier bin ich zu Hause, Wilhelm Grumbach; wo hast du meine Mutter?

**Grumbach** (schlägt den Vorhang auf).

Erkennst du sie?

**Florian** (vor den Vorhang getreten).

O um eine Welt! sie ist todt!

**Grumbach.**

Und du hast sie getödtet, Mörder deines Bluts! Deine Schwester entflohen vor der Horde, die ihr Bruder führt!

**Florian**
(ganz vor die Nische tretend; der Leichnam ist für die Zuschauer nicht sichtbar).

Theure mütterliche Seele!

**Grumbach.**
Die dich verwünscht und verflucht!

**Florian**
(ohne auf ihn zu achten, gegen die Nische gebeugt).

Konnt' ich anders? Vergib mir, edle, in den Vor-
urtheilen deiner Zeit geschiedene Frau; ich mußte! Das
Gewissen, das über uns richtet, hat mir vergeben. (Er verhüllt sie. Zu seinen Leuten.) Traget sie weg die Todte, ich selbst
will sie bestatten. (Einige seiner Leute gehen nach der Nische, welche
von den übrigen so umstellt wird, daß die Wegnahme der Leiche nicht gesehen wird.) Nicht bei dem Moder der Familiengruft, im
weiten Kirchhof Erde, die Aller Schoß ist, sollst du ruhen.
Und wenn statt Sklaven freie Menschen über deinen Hügel
gehen, dann hast auch du mir vergeben, Geist der Todten.
— — Entweiche, Wilhelm Grumbach, vor den Thoren
wieder, wenn du willst!

**Grumbach** (mit erhobenem Schwert).

Oder anderswo! Diesen Schwur dir, Mörderhäuptling.
Die Schlösser, die du gebrochen, brechen dir den Hals, heut
oder morgen!

Während er abgeht, treten von Florians Leuten noch viele durch die Thür
ein. Einer derselben bringt einen **Sendling**, der dem Ritter ein Schreiben
überreicht.

**Florian** (es erbrechend).

Ein Brief Luthers! (Alle drängen sich mit Neugier herzu.) Lest,
Sendling!

**Sendling** (liest).

„Wider die mordischen und räubischen Bauern.

Die Bauern haben das Evangelium nur zum Schein
vorgewendet, darum soll sie zerschmeißen, würgen und
stechen heimlich und öffentlich wer da kann, gleichwie man
einen tollen Hund todtschlagen muß. Die aber mengen sich

Fischer, Florian Geyer. 5

unter die Aufrührischen, die sich ihrer annehmen, klagen, rechtfertigen und erbarmen, welcher sich Gott nicht erbarmt, sondern gestraft und verderbt will haben. Darum soll die Obrigkeit solchen auf die Hauben greifen, daß sie das Maul zuhalten und merken, daß Ernst sei. Wer Gottes Wort nicht will hören mit der Güte, der muß den Henker hören mit der Schärfe!" (Murren unter den Umstehenden.)

**Florian** (zum Sendling).

So schreibt er seit der That bei Weinsberg, die ich selbst streng verdamme! Sag' dem Doctor Martin, ich habe angefangen, wo er aufgehört; er soll nicht über sich selbst erschrecken, daß die Freiheit, die er geprebigt, weiter führt als er's gemeint. Wer so Großes gethan in Wort und That wie er, soll nicht auf die den Fluch werfen, welche den Weg verfolgen, den er selbst gebahnt, und es lebt kein Papst, nicht in Rom noch Deutschland, der sagen darf: Ich allein hab' die Wahrheit. Ich will die Bibel auch auslegen: Eine Kirche, Eine Freiheit für Obrigkeit und Bauer! (Zweien seiner Leute die Hand auflegend.) Sieh, Der und Der und Jeder ist mein Bruder; schlägt er mal blutig drein — ihm und seinem Vater ist so geschehen lebenslang! Das sage dem Reformator. (Will den Brief zu sich nehmen.)

**Sendling.**

Er enthält noch ein Schreiben.

**Florian.**

Lies!

**Sendling.**

„Philipp Melanchthon wider die Artikel der Bauerschaft. Es wäre vonnöthen, daß ein solch wild ungezogen Volk, als die Deutschen sind, noch weniger Freiheit hätte, als es hat. Was die Obrigkeit thut, daran hat sie recht;

wenn sie Gemeindegut und Waldung einzieht, so müssen sich die Deutschen eben so gut drein fügen, wie die Juden sich von den Römern die Tempelgüter mußten nehmen lassen. Was geht's dich an? Dennoch sollt du der Obrigkeit Nichts nehmen, bis sie es anders macht, und haben die Pauern nicht recht, daß sie wöllen einer Herrschaft ein Gesetz machen. Es ist ein solch' ungezogen blutgierig Volk, die Deutschen, daß man's billig viel härter halten sollt." (Unwille unter den Zuhörern.)

**Florian.**
So spricht Melanchthon, der Sanftmüthige? So predigen die, die sich Reformatoren heißen! Welche Tyrannei! Die alte Kirche hat das Volk oft genug selbst gebrandschatzt oder dazu geschwiegen; aber gelehrt hat die alte Kirche doch niemals die Knechtung und Verachtung des Volks, das war denen vorbehalten, die anstelle der alten Lehre ihre Auslegung festnageln möchten; und wer sie nicht annimmt, den trifft Schwert und Verdammniß. Gelehrte Lateiner und Griechen, die am Alterthum jeden Stein kennen, aber ihre Zeit nicht verstehen! — Das wird jetzt auf eine Zeit lang Mode werden in Deutschland. (Murren und Erregung; winkt dem Sendling, welcher abgeht.) Dort hängt das Bild meiner Mutter noch; das rettet mir. (Das Bild wird weggetragen.) Was sonst von Werth, hat mein fürsichtiger Schwager schon gerettet, wie ich sehe. In einer Stunde ziehen wir gen Würzburg; dort haben wir noch mit andern Helden zu thun. Einstweilen sei dieses Schloß euer. Thut mit ihm wie mit den andern. (Geht rasch ab.)

**Bewaffneter.**
Zündet an! brecht nieder. (Alle laut ab. Flammenschein. Der Vorhang fällt.)

## Vierter Act.

Ehe der Vorhang aufgeht, Groß- und Kleingeschützfeuer; dann plötzlich Stille. Die Scene nimmt den nächsten Raum ein vor dem Frauenberg bei Würzburg. Man sieht die Ringmauer mit den Strebepfeilern, welche mit Gebüsch umwachsen. Das Thor einer Außenmauer trennt den Raum von der Stadt. Zwischen Ring- und Außenmauer die Pförtnerwohnung.

Aus dem Thor der Ringmauer, die hinter ihnen schließt, treten: der Dompropst, Steinmetz, hinter ihnen der Pförtner.

Dompropst.
Euch danken wir den Waffenstillstand und noch kurze Ruh, ehe der Schlimmste anrückt.

Steinmetz.
Ja, Hochwürdiger, der Verwegenste ist er unter allen. Ihn vom Bauernheer entfernen, ist halb gewonnen.

Dompropst.
Wird er? —

Steinmetz.
Er muß; das Heer selbst soll es verlangen.

Dompropst.
Wenn die Streitfertigsten an ihm hangen?!

Steinmetz.
Laßt mich sorgen. Er ist ein Narr, der auf die Stimme

seines Götzen, des Volkes, geht wie auf ein Gottesurtheil, (höhnisch) des Volkes, das im Meßgewand walzt, aus Meß= kelchen sauft und Kapaune aus Opferschüsseln frißt.

**Dompropst.**
Der Frauenberg muß unser bleiben um jeden Preis.

**Steinmetz.**
Und doch muß man die Rebellen lang genug davor festhalten mit Unterhandeln, Versprechen, Verziehen, bis das Bundesheer nah genug steht; muß die Aufrührer die Kraft vergeuden lassen.

**Dompropst.**
Wenn das gelingt, Doctor, es soll Euch Gold regnen. Darf ich Euch trauen?

**Steinmetz.**
Wie ich mir selbst. Hab' schon einen Haufen Lands= knechte, die zu ihm sich schlagen wollten, dem Truchseß zugewiesen; habe Bauern gehetzt auf die Keller des Grafen von Wertheim, daß er ihnen abfalle. (Es geschehen Schläge an das Thor der Außenmauer.)

**Dompropst.**
Wer begehrt Einlaß?

**Stimme** (von außen).
Ein Abgesandter des Volks.

**Steinmetz.**
Laßt ihn ein; die Stimme kenn' ich. (Vertraut.) Ein Jüngling! (Lacht.) Nein, ein verkleidet Mädchen; sein ge= treuer Schatten. Will mich auf das Schloß zurückziehen. (Geht und versteckt sich, vom Dompropst unbemerkt, hinter das Gebüsch an einem Strebepfeiler.)

**Dompropst** (zum Pförtner).
Oeffne. (Hereintritt Marie in der frühern Verhüllung. Pförtner

schließt.) Geh' auf den Frauenberg zurück, Pförtner. (Dieser geht ab, während, für die beiden Anwesenden verdeckt, Steinmetzens Gesicht hinter dem Gebüsch erscheint, um die ganze Scene zu beobachten.)

**Marie.**

Vor wem steh' ich?

**Dompropst.**

Vor dem Propst des Doms unserer lieben Frauen an Bischofs statt.

**Marie.**

Ich stehe vor dem Rechten.

**Dompropst.**

Vor wem ich?

**Marie.**

Vor dem Boten Florians von Geyer.

**Dompropst.**

Was begehrt er?

**Marie.**

Verhandlung mit dem Frauenberg über die Reformation, Oeffnung Eurer Thore für das Volksheer. In einer Stunde steht er vor der Burg mit seiner Schaar und Haufen Landsknechte folgen ihm.

**Dompropst.**

Sind geneigt zu jeder Unterhandlung; könnten auch eine Reformation wohl brauchen — viel unwissend, schlecht, verachtet Volk unter der Geistlichkeit. — (Zutraulich.) Aber einen beredten Jüngling (sie genau firirend) hat sich Euer Ritter zum Gesandten gewählt. Wie da die Haare unter Eurem Barett vorquellen! Ihr seid — kein Mann, seid eine Jungfrau.

**Marie** (indem sie den Mantel öffnet).

Bin es und leugn' es nicht.

**Dompropst.**
Solche Vermittlung macht leichte Unterhandlung. Sei mein, so werd' ich lutherisch und heirathe dich. (Will sie um die Hüfte fassen; sie streift ihm die Mütze vom Kopf und entzieht sich ihm.)
**Marie.**
Halt, frommer Mann, Ihr reformiret zu schnell und ich bin zu weltlich für Euch, bin Waffenträger, Kugelgießer, Feldscheer. (Steinmetz macht die lustigsten Grimassen in seinem Versteck; zugleich geschehen starke Schläge an das Thor der Außenmauer.) Und hört Ihr, die wilden Männer da außen wollen die Hochzeit nicht leiden.
**Dompropst.**
Ich bitt' Euch, tretet in die Pförtnerwohnung dort. (Sie geht hinein; während dessen ist Steinmetz aus seinem Versteck hervorgekommen.) Geht, Doctor, ruft mir die Domherrn und Ritter vom Schloß. (Steinmetz ab durch die Ringmauer. Wiederholte Schläge an das Außenthor.) Wer begehrt Einlaß?
**Stimme** (von außen).
Abgesandte der Bauernhaufen.
**Dompropst.**
Sollen den Einlaß haben. (Aus der Ringmauer treten die Domherrn und Ritter, der Pförtner, hinter ihnen Steinmetz. Zum Pförtner.) Oeffne das Außenthor.

Es geschieht. Herein treten die Bauernhauptleute, voran Georg Metzler. Das Thor bleibt offen, so daß man das draußen stehende Bauernheer sehen kann.

**Metzler.**
Herr Propst, ich nenne mich Georg Metzler, bin der Bauern Hauptmann, und hab' Euch im Namen der Hauptleute zu sagen: Das Heer will nicht ablassen von der Belagerung, ehe das ganze bischöfliche Schloß zur Reformation geschworen.

#### Dompropst.
Schon ist mein Bote abgeritten an den Bischof, der sich nach Heidelberg begeben. Hab' ihm eure Artikel zur Annahm' empfohlen; alsdann einen Reichstag zum Ausgleich zwischen Volk und Herrn.
#### Metzler.
Auf Landtägen wird Nichts gelandtagt, als daß man Steuer und Zins muß geben.
#### Dompropst.
Erwarte stündlich Ankunft bischöflicher Antwort.
#### Metzler.
Nicht dieser Antwort wartet; haben Eile, starke Eile. Schwört Ihr mit dem Capitel zu den Artikeln, nehmt eine Besatzung der Bauern auf Euer Schloß, so zieht das Bauernheer ab, wohin ihm gut dünkt.
#### Dompropst.
Hab' so viel Vollmacht nicht, Hauptmann.
#### Metzler.
Alsdann ist unsere Antwort: Noch heut beginnt der Sturm auf's neu wider den Berg; die Geschütze des Grafen von Wertheim finden Euch.
#### Stimmen (von draußen).
Florian Geyer! (Dieser tritt rasch ein, während eine Anzahl Männer von der schwarzen Schaar sich vor dem Thor neben den andern Bewaffneten postirt.)
#### Marie
(aus der Pförtnerwohnung auf Florian zueilend).
Ritter, Ritter, da seid Ihr!
#### Florian (zu Steinmetz).
Du hier?
#### Steinmetz (geheim).
Hab' mich auf die Burg gestohlen. Sie sind mürb,

die Pfaffen; werden sich nur schwierig stellen. — Steht fest! (Laut.) Beide übermachen's, Herren und Bauern; jene zerbrechen die Schüsseln, diese die Krüg'. Gott straft einen bösen Buben durch den andern, Rebellion mit Tyrannei, Tyrannei mit Rebellion. (Mischt sich unter die Leute vor dem Außenthor, mit denen er angelegentlich verkehrt, indem er das innen Vorgehende beobachtet.)

**Marie** (ihm nach).

Pack' dich, Schreiber! — Er deklamirt wie verrückt.

**Metzler** (zum Dompropst).

Hier steht der Mann, dessen Sinn der meine.

**Florian.**

Ich ließ Euch zur Reformation und Oeffnung der Burg auffordern.

**Dompropst.**

Habe zum erstern dem Bischof selbst gerathen.

**Florian.**

Ist Euch das Erste ernst, so ist das zweite leicht.

**Dompropst.**

Der Entscheid ist in des Bischofs Hand.

**Florian.**

Wo ist er?

**Dompropst.**

Gen Heidelberg, seit der Münzer im Dom wider uns gepredigt.

**Florian.**

Sonst nennt man's entflohen; aber so seid Ihr an seiner Statt; von Euch will das Volksheer Entscheid. (Zu den andern Hauptleuten.) Seid ihr's zufrieden?

**Metzler.**

Wir sind's.

**Andere Stimmen.**

Wir alle!

**Florian** (zum Dompropst).

Eine Viertelstunde warten wir Eures Entschlusses.

**Dompropst.**

Wollen ihn fassen mit der Besatzung oben. (Winkt und geht mit den Domherren ab nach der Burg, deren Thor sich hinter ihnen schließt.)

**Florian** (zu Metzler).

Wie stark seid ihr zusammen?

**Metzler.**

Siebentausend. Es ist ein Elend, Ritter; ist da ein Haufe weggezogen, eh ich's hindern konnt', gegen die Horden, die dem Grafen von Wertheim Keller und Kammer geplündert.

**Florian.**

Elend Gesindel! Unserem Freund und Beistand? Und doch ist's Kleinigkeit; sei's um den Wein; aber das Heer schwächen, jetzt?!

**Metzler.**

Steht noch ein Haufe bei Heidingsfeld, ihrer viertausend; einer vor Rotenburg von dreitausend.

**Florian.**

Müssen sich ehestens auf Königshofen ziehen; dort ist Flur und Gewäld angethan für der Bauern Waffe.

**Metzler.**

Auch Würzburg steht zu uns; ist wild erbost auf den Frauenberg.

**Florian.**

Können sie brauchen zum Stürmen. Auch Haufen von Landsknechten stoßen zu uns.

**Metzler** (zuckt die Achseln).

Wird schwer halten! Hab' selbst bei Hauptleuten und Gemeinen den Antrag gethan auf die Landsknecht'; fand keinen Willen. Wollen nicht Sold geben, nicht Beute theilen.

**Florian.**

Thoren, unsinnige! (Ruft gegen das Außenthor.) Männer des Volksheers! (Viele bringen durch das Thor ein.) Heil und Unheil liegt in Eurer Hand. Was thut die Linke, wenn die Rechte allein zu schwach? Ihr seid die Rechte, aber sie ist zu kurz. Die Linke bietet sich an; was thut Ihr? Die Landsknechte aber, kriegserfahren, sind diese Linke; wollt Ihr sie werben?

**Bauer.**

Können uns selbst helfen, sind Manns genug. (Viel Stimmen des Beifalls.) Den Landsknecht bringen wir nicht aus Haus und Bett mehr, wenn er da ist; der Doctor sagt's auch.

**Florian.**

Muß er nicht auch leben, und kann's, wenn ihr gewinnt? (Stimmen der Unzufriedenheit.)

**Bauer.**

Haben schon viel abgewiesen, die sich geboten.

**Florian.**

Hochmuth und Eigennutz! Wir sind bedrängt, der Feind ist schnell; erhebet die Hand, wer die Landsknechte in Sold will. (Metzler mit einigen Hauptleuten, sowie die schwarze Schaar erheben den Arm; die große Mehrzahl geräuschvoll durcheinander.) Nein, nimmermehr, kein Landsknecht! (Gleiche Stimmen von draußen.)

**Florian.**

Wählt euer Unheil; ich will meine Wege gehen.

                    Bauer.
Unser Hauptmann sollt Ihr sein!
                Viele Stimmen.
Unser Hauptmann!
                    Florian.
Und dem andern Hauptmann, dem Truchseß, laufen die Landsknechte zu! O deutsches Volk, wie nah liegt der Gedanke deiner Rettung! Die Blinden haben ihn erkannt; und du?! Aber erst der kleine Sinn jener Herrenseelen, die unfähig zu dem Gedanken sind, eine Nation zu sein, doch stolz genug, ihre eigenen Herren zu heißen, und die keinen Tag sich halten können, wenn der Feind von außen kommt; alsdann jene Pfaffen, die lieber Kirche und Reich zerfleischen, als das aufgeben, was sie längst selbst ver= achten; über Alles aber die Dummheit und tolle Eigensucht des Volks, die den Herren wieder in die Hand schafft, was ihnen schon entrissen war. Eine Entzweiung des Glau= bens wird sie bringen, eine solche Reformation, und den Glaubenszank wird man wichtig machen, daß das Volk sein ander Elend darob vergißt. Jahrhunderte werden vergeb= lich wieder suchen, was gestern und ehegestern in so gutem Zuge war!

Es entsteht eine laute, anhaltende Bewegung draußen; Stimmen des Schreckens. Friedrich Weigand bringt herein.

                Marie (ihm entgegen).
Der Vater! — Guter Vater!
                    Weigand.
Zur That, ihr Männer und Hauptleute! Truchseß in raschem Lauf auf Würzburg; bei Weinsberg ein gräßlich Blutbad! Jäcklein Rohrbach lebendig verbrannt! (Laute des Entsetzens.)

Florian.

Himmel!

Marie.

Ach, Ritter!

Weigand.

Ulrich Hutten in der Schweiz gestorben!

Marie (mit erhobenen Händen).

Ulrich Hutten todt?!

Florian.

Die Lichter verlöschen, Kind, Nacht kommt wieder! Die Freunde des Volkes sterben; das Junkerthum erhebt sein Haupt.

Weigand.

Der Haufe bei Heidingsfeld geflohen in Ansbachisch Gebiet!

Florian.

Unglücksbote!

Weigand.

Wer wird sie wieder sammeln?

Metzler.

Das sollte der Mann sein, dem Alle vertrauen.

Stimmen (aus Hauptleuten und Volk).

Herr Florian!

Metzler.

Den brauchen wir hier!

Stimmen.

Herr Florian! Herr Florian!

Metzler.

Wer leitet dann den Sturm auf die Burg?

Weigand.

O redet nicht vom Sturme mehr; eilet! sammelt! Rettet euch! Sucht einen andern Schlachtort!

**Florian**
(wie aus tiefem Nachsinnen erwachend).

Sei es gewagt, das Aeußerste! (Neue Bewegung draußen.)

**Metzler.**

Horch! (Ist an's Thor getreten und ruft zurück.) Frohe Botschaft! Der Graf von Wertheim ist mit Hilf unterwegs. (Freudige Bewegung.)

**Florian** (wie für sich rechnend).

Sturm auf die Veste heut noch; morgen auf Königshofen! Zehntausend und die Hilfe des Grafen — es sei!

**Weigand.**

Den Markgrafen von Ansbach zählet bei; noch gestern erhielt ich Zusag von ihm. Viel seiner Leute sind in unsrem Heer.

**Florian.**

Die ihm entflohen.

**Metzler.**

Nein, die er ziehen lassen.

**Weigand** (zu Florian).

Ich beschwör' Euch, gewinnt ihn.

**Florian.**

Ich nicht; ich siege oder sterbe hier.

**Weigand.**

Aber die viertausend Mann! Truchseß naht mit sechzehntausend.

**Metzler.**

Vor zwei Augenblicken, Herr Ritter, hätt' ich Euch um keine Welt mögen ziehen sehen; wer hätte den Sturm auf die Burg unternommen? Seit ich weiß, daß Graf Wertheim unterwegs, bitt' ich höchlich, bringt uns den Markgrafen und die viertausend Entflohenen. (Lauter, anhaltender Ruf, auch von draußen.) Herr Florian! Herr Florian!

**Florian.**

Wankelmüthig Volk! Vor zwei Minuten euer Hauptmann; jetzt euer Gesandter! Sollt' es so weit seyn, daß die Entscheidung an dieser Sendung hienge? Daß der Ausgang schon so nah? — Und ein böser Ausgang? (Versinkt in Nachsinnen. — Nach einem Kampf mit sich selbst.) Ist diese Stimme des Volks nicht Gottes Stimme, so sei sie die Stimme meines Schicksals! — Wenn's möglich wäre, daß der Markgraf zu gewinnen?! (Entschlossen.) Ich gehe nach Ansbach.

**Marie.**

Und ich?

**Weigand.**

Zu deinem Vater.

**Marie.**

Nein; in's Lager, das mich braucht.

**Stimmen** (von außen).

Der Graf von Wertheim!

**Metzler.**

Naht er schon? (Das Thor der Ringmauer öffnet sich, daraus der Propst mit den Domherren tritt.)

**Dompropst.**

Bringen den Entscheid der Besatzung oben: Bis und dann daß Nachricht vom Herrn Bischof da, kein Vertragen mit den Belagerern. Seh der Himmel drein!

**Florian.**

Ich sah es kommen; und nun ist Sturm die Losung! Fahrt wohl, ihr Herren! (Zu den Kriegsleuten.) Auf an die Arbeit!

**Marie**
(hat ihren Vater zu dem Ritter geführt).

Vater, wenn die Freiheit erstritten, bringt mich der Ritter heim zu Euch.

**Weigand.**

O, die Freiheit! — Darum wird ein Kind Vater und Mutter verlassen — (Wenn alle durch das Außenthor abgegangen und die Domherren sich eben anschicken wollen, durch die Ringmauer zurückzukehren, schlüpft Steinmetz von draußen herein, diesen nach. Hinter ihm, so an der Seite hin, daß sie anfangs nicht bemerkt werden kann, drückt sich Marie mit Zweien aus der schwarzen Schaar.)

**Steinmetz.**

Ja, hochwürdige Herren, hat schwer Arbeit gekostet, aber es gieng: Er reitet nach Ansbach in dieser Stunde.

**Dompropst** (überrascht).

Nach Ansbach? Und stürmt nicht die Burg?

**Steinmetz.**

Ein anderer für ihn; aber der Gefährlichste ist weg. Haltet tapfer aus; Truchseß ist nah, dem ich den ganzen Plan der Rebellen verrathen. Sie weichen schon überall.

**Dompropst.**

Aber Florian, was soll's weiter mit ihm?

**Steinmetz.**

Einen Reitenden hab' ich — doch was ich gethan, ihn zu verderben, das will ich Euch sagen auf dem Schloß oben, wenn's „Gold regnet." Ihm wird sein Lohn!

**Marie**
(die alles behorcht hat, dicht hinter ihm).

Und dem Verräther zwei Kugeln! Eh' es diese Kugeln auf dich regnet, wirst du mir sagen, was du gethan!

**Steinmetz.**

Teufel!

#### Marie.
Der sieht aus wie du!

#### Dompropst.
Ihm geschieht recht; hat die Heilbronner Artikel — (geht schnell mit den Domherrn durch das Thor der Ringmauer, welches verschlossen wird.)

#### Marie (ihnen nachdeutend).
Siehst du, wie sie dir zu danken eilen, deine Freunde?

#### Steinmetz.
Teufel dort und Teufel da!

#### Marie.
Ergreift den Spion! (Krieger fassen ihn.)

#### Steinmetz
(indem er abgeführt wird, zu Marie).
Fahr mit, wenn's in die Hölle geht, so sei's drum!

#### Marie
(ohne auf ihn zu hören, mit gefalteten Händen).
Ihn hilf mir retten, Rathschluß der Liebe! Das ist Alles jetzt! (Ab.)

Der Pförtner erscheint und verschließt das Außenthor. Gleich darauf, während eine rothe Fahne auf der Ringmauer erscheint, heftiges Feuer von Grob- und Kleingeschütz, das bei leerer Scene eine zeitlang fortdauert. Während des Feuers stürzt das Außenthor mit einem Theil der Mauer ein. Vor demselben Georg Metzler im Kampf.

#### Metzler (rufend).
Welch Gedräng! Helfet dem Grafen von Wertheim!

#### Stimme (von außen).
Flieht! der Truchseß! er tödtet uns Alle!

#### Metzler.
Weichet nicht, Memmen!

#### Truchseß (bringt an mit seiner Schaar).
Nieder mit ihnen!

Fischer, Florian Geyer.

**Metzler**
(der mit der Hand nach seiner Brust fährt).

Bin getroffen! Wir Unsinnigen, die den Ritter ziehen ließen, den besten Arm! — Ich sinke! Weichet nicht! (Wird von zweien seiner Leute abgeführt; die andern weichen. Das Geschütz schweigt.)

**Stimme** (aus den Fliehenden).

Fort nach Königshofen!

**Truchseß.**

Das ist gethan! Der Berg ist unser! (Die rothe Fahne auf der Ringmauer verschwindet; eine weiße erscheint, neben derselben

**Dompropst** (rufend).

Gott grüßt den Sieger! (Während das Thor der Ringmauer aufgeht.) Tretet ein, Retter der Wahrheit.

**Truchseß** (indem er der Burg zugeht).

Die Kirche wird mich segnen!

(Der Vorhang fällt.)

# Fünfter Act.

### Erste Scene.

Im Schlosse Casimirs zu Ansbach.

**Emma** (tritt auf).

Wie öd, wie todt und farblos, Nichts zu haben als einen Stolz, der nicht sättigt, wenn das Herz nach Liebe hungert! — Nein, ich wills anders nennen! Aber es war doch ein voller und höher Wogen in dieser Brust, als ich es vor mir hatte, sein kraftvolles Bild, wie es nach den höchsten Zielen trieb und ich mir sagte: Er thut es um Dich! — Nun bin ich vertauscht! — vertauscht gegen sein Ideal: das Wahngespinnst der Freiheit dieses undankbaren, wankelmüthigen Volkes, das seiner niemals werth ist. Wenn ich es nur schöner finden könnte, dieses Ideal! Und doch ist es ein Gedanke, und es ist ein Mann, der ihn denkt. Wie viel Männer und Gedanken leben denn unter seinen Gegnern? Es ist zum Schaudern, wie wenige in Männertracht gehen, um deretwillen es dem Weibe zu leben und zu hoffen sich verlohnt. Ich fasse nun, wie Jungfrauen das Kloster wählen können, wenn der Einzige fehlschlägt, welchen sie träumten.

Casimir (im Kommen).

Mich selbst will er; ich hätte mich gar zu gern dispensirt. (Erblickt seine Tochter.) Ich nehme Abschied, Emma, die Herren begehren, daß ich selbst zur Schlacht bei Königshofen eintreffe. Muß hin, muß mich ganz den Ihrigen zeigen.

Emma.

Habt ja doch Eure Gewaffneten dahin abgeschickt.

Casimir.

Und die Heidingsfelder Haufen bald alle zerstreut; erwarte stündlich meine Leute zurück. Aufruhrpöbel! haben einander endlich selbst angefallen.

Emma.

Deutsch Volk wird ewig uneins bleiben.

Casimir.

Ist gut so. Mach' uneinig und herrsche! lehrt der Römer.

Emma.

Aber Ritter Florians Schaar hält doch wacker zusammen, spricht man.

Casimir.

Er kann ihn heiß machen, den Tag bei Königshofen.

Emma.

Und strenge Zucht hält er, wie einem Edlen ziemt.

Casimir.

Lobrednerin!

Emma.

Keine ungerechte! Wenn Ihr ihn schonen, ihn retten könntet, Vater!

Diener (der eintritt).

Ein Reitender von Würzburg bringt dies Schreiben. (Ab.)

**Casimir** (während er stille liest).

Ihn retten! hm, hm! Sonderlich Schreiben das! (Nachsinnend auf- und niedergehend.) In wenig Augenblicken ist er hier.

**Emma.**

Wer? der Ritter? (Man hört eilende Tritte nahen.)

**Casimir.**

Er selbst! (Blickt hinaus.) Er ist's.

**Emma** (in Erregung).

Laßt mich gehen!

**Casimir.**

Bleib! und lerne Seelenstärke, Entschließung.

**Florian** (schnell eintretend).

Fräulein! Herr Markgraf! Ich stehe wieder unter Eurem Dach, eilfertig, bittend. Die Entscheidung ist vor der Thür, ob die Reformation Wahrheit sein soll, ob nicht. Bei Königshofen sammelt sich's zum letzten Kampf; die Streitmacht des Volks bedarf schneller Stärkung. Kommt, eilet mit mir und Euren Leuten, diese Stunde noch.

**Casimir.**

Meine Leute stehen schon dort.

**Florian.**

Stehen dort? unter wessen Befehl?

**Casimir.**

Unter dem des Rechts.

**Florian** (dringend).

O nicht diese Antwort! Und Trümmer zerstreuter Volkshaufen traf ich auf Euren Grenzen. Laßt uns sammeln und eilen! Die Gefahr brennt! Die Geschichte Deutschlands steht vor ihrem größten Augenblick. Noch leben treue Herzen, die auf uns blicken, uns zurufen: Macht wahr, macht frei! — Der Churfürst von Sachsen —

**Casimir.**

Der ruft nicht mehr; er ist todt, seit wir den fünften des Mai schreiben.

**Florian** (in großem Schmerz).

Todt! und Alles todt, auf was wir bauten! Friedrich von Sachsen! Die Jahrhunderte werden wenig Fürsten zählen wie du. Herr Markgraf, thut es ihm nach; bei Eurer, bei Deutschlands Ehre ruf ich Euch: werft Euren Entschluß in die Wagschale!

**Casimir.**

Ich will's! (Geht schnell hinaus.)

**Florian.**

Was ist das? diese rasche Wandlung!

**Emma.**

Ich bin verwundert wie Ihr. — Seht Euch vor.

**Florian.**

Vorsehen! Ich versteh' Euch nicht.

**Emma.**

Wenn ich hoffen dürfte, Ritter, so beschwört' ich Euch: Sieget! Aber seid ein Fürst; steht über dem Volk, es ist nicht zu gut zum Schemel Eurer Füße. Noch steht's bei Euch, der Erhebung die rechte Wendung zu geben.

**Florian**
(sie mit ausdauerndem Blick messend).

Wie kalt und leblos sie dastehen, diese Fürstlichdenken= den! Nichts als Vergangenheit! kein Blick und Herzschlag für heut und morgen; und doch so stolz! Lieber die adlige Runzel des Ausgelebten auf den Gesichtern, als mit frischem Entschlusse sich zu werfen in den Strom lebendigen Werdens! (Die Thür öffnet sich, durch welche Bewaffnete des Grafen sichtbar werden.)

**Stimme Casimirs** (hinter der Scene).

Nehmt ihn gefangen!

**Florian** (zieht sein Schwert).

Meineidiger Satan! (Auf Casimir zuellend, welcher eingetreten; sie fechten.)

**Emma**
(wirft sich zwischen beide und trennt sie; zu den Bewaffneten, welche einbringen wollen).

Zurück! (Zu Casimir.) Welche Schmach auf unser Haus, Markgraf?

**Casimir.**

Schmach auf dich Abgefallene!

**Emma**
(faßt den Ritter an der Hand, nach einer Thür auf der andern Seite weisend).

Unter meinem Dach sei Florian Geyer nicht gefangen; entflieht! Diese Thür führt in's Freie.

Draußen entsteht ein Getös von Stimmen und Waffen; Casimir eilt hinaus. Er und seine Leute verschwinden von der Thür. Herein bringt Marie mit einer Abtheilung von der schwarzen Schaar.

**Emma.**

Entflieht, Ritter!

**Marie.**

Nein! Florian Geyers Rettung wächst nicht aus Ansbachischem Boden; hier stehen seine Leute! (Des Markgrafen Leute, die einbringen wollen, werden von denen Florians zurückgehalten.)

**Emma**
(rasch abgehend durch eine dritte Thür).

Du gewinnst, Hochmuth des Volks!

**Florian**
(von Ueberraschung und Staunen sich erholend).

Maria!

**Marie.**

Ihr seid verrathen! — Steinmetz! Er gestand, eh Eure Leute ihn erschoßen; gefangen solltet Ihr werden — hier, und dem Truchseß ausgeliefert! — Ich flog Euch nach; werfe mit Euren Leuten die wenigen des verrätherischen Markgrafen — er hat seine Haufen dem Truchseß zugesandt — und so rett' ich Euch. Eilt! als ich abgieng, sprachen sie schon von Einstellung der Belagerung des Frauenbergs; Truchseß nahte. „Auf Königshofen!" schallte der Ruf. Kommt, wir fliegen nach Königshofen!

**Florian.**

Wunderbares Mädchen! Du wärest werth wie keine, im Volkskrieg die Siegesgöttin zu heißen! (Alle schnell ab. Als sie abgegangen, tritt ein durch die Thür, durch welche Emma abgieng)

**Casimir.**

Eh' ich zu mir komme, mich sammle, mir all das?! Verflucht! Das war eine Niederlage vor der Schlacht. Dreimal verdammte Zeit, welche die Ritterschaft so entblößt, daß eine Dirn sie überrumpelt. Die Scharte soll Königshofen auswetzen. (Ab durch den Haupteingang.)

---

**Zweite Scene.**

Gegend zwischen Mergentheim und Hall. Die frischen Ruinen der Burg Geyerstein (nicht der zu Giebelstadt). In der Nähe Wald.

Flüchtig Bauernvolk eilt zerstreut durch die Gegend. Truchseß kommt mit mehreren Rittern, darunter Grumbach.

**Truchseß** (zu Grumbach).

Ihr habt Euren Irrthum ernstlich wieder gut gemacht bei Königshofen.

**Grumbach.**
Die Augen giengen mir beizeiten auf und ich verbesserte, was ich vermocht. — Nur Eins ist noch übrig, das überlaßt mir.

**Truchseß.**
Ein Tag war's bei Königshofen, daran wird die Welt denken. Wie das jüngste Gericht brach er ein; unerwartet den Aufrührern. Sechstausend Bauern todt; die andern auf der Flucht niedergemacht, von den Bäumen geschossen, und was nachkommt soll ein blutig Exempel sein für alle Zeiten.

**Grumbach.**
Götz von Berlichingen vor der Schlacht seinen wüsten Haufen entwichen.

**Truchseß.**
Der Markgraf fand die Zeit nicht mehr auf der Wahlstatt einzutreffen.

**Grumbach.**
Der hätt' am unbarmherzigsten gewürgt.

**Truchseß.**
Dazu kommt ihm noch Anlaß. Gericht halten will ich mit dem Bischof von Würzburg einen Monat lang in all den aufrührischen Gauen. Die Zeit soll wieder erfahren, was Gesetz und Ordnung ist; Adel und Geistlichkeit sollen mich loben.

**Grumbach.**
So sehr, als ich meinen Irrthum bereue.

**Truchseß.**
Aber Euren tollen Schwager haben sie doch köstlich weggelockt vom Haupttreffen. Wo er umtreibt mit seiner versprengten Schaar, seit die verrückte Mainzerin ihn befreit?

**Grumbach** (auf die Ruine weisend).

Seht dort: auch ein Werk seiner Hände! (Es ertönen Schüsse aus der Ferne.) Horcht, ein Nachgefecht! (Die schwarze Hofmännin und der Bauer aus der Scene vor Weinsberg treten von einer andern Seite auf.) Seht dort!

**Truchseß.**

Kommt in den Wald! Beobachtet jene, Grumbach. (Alle außer Grumbach verschwinden in dem Wald. Grumbach deckt sich so hinter dem Gebüsch, daß er die Scene belauschen kann.)

**Hofmännin.**

Sind ihm hart am Leben; soll's nur büßen, der Hund, was er am armen Jäcklein gefrevelt.

**Bauer.**

Aber herumgehauen haben sie sich, er und die Dirn, wie der lebendige Satan. Doch wo gedenkt Ihr hin, Gevatterin? und ich?

**Hofmännin.**

In die Waldhöhle zum — (vertuschend, als wäre sie Jemand gewahr worden) — zum Rick und zum Rick, zum Rack und zum Rell. Sieh, was dort?

*Florian, die halbtodte Marie (ohne Mantel) im Arm, schwankt von einer andern Seite aus dem Wald, so daß er Grumbach nicht bemerken kann.*

**Florian.**

Das Volksheer geschlagen und ich davon getrennt, weil ich Thor an einen Menschen, der kein Mensch ist, zu glauben anfing. Der Rest meiner Schaar im Nachgefecht erdrückt! So endet, was so groß begonnen? (Auf Marie.) Und dieses Kleinod gebrochen! weh mir! (Die Leute bemerkend.) Gott sei Dank, ich sehe Menschen. Helfet, Frau, ein Tuch, ein Band! Das Kind verblutet sich.

**Hofmännin.**

Helfen? ho! hi! dem Schänder der Bauern und seiner Dirn!

**Bauer.**

Helfen? Und der Luther hat ihn verflucht und der — wie heißt er?

**Florian.**

Ich kann nicht mehr; sie stirbt!

**Hofmännin.**

Das ist für Weinsberg! Gelt, ich bin ein Prophet? Ohne Schutz und Schirm sollst du verderben! und ich will lachen darüber; hihi. (Ab in den Wald mit dem Bauer. Grumbach verschwindet.)

**Florian.**

Das hab' ich für solch' ein Volk gethan? Nein, nur sein Auswurf, nicht das Volk; aber so werden kann es, man will es so. (Ganz mit Marien beschäftigt.) Doch du, armes einziges Kind, mein Schutzgeist, zum Tod verwundet! Keine Hütte für dich und deinen Freund! Volk und Freiheit gemordet! — Hier ist Alles, was noch übrig. (Auf Marien.) Ach, und dieß! (Sich umblickend.) Und welche Gegend? bin ich verirrt? (Grumbach ist aus dem Wald hinter ihm hergeschlichen.) Hier stand doch sonst eine der Burgen meines Geschlechts! — (Nach einem Seufzer.) Habe sie selbst zerbrochen! das stürzt mich in's Verderben! Ja „die Burgen!" du wußtest's, Kind. — Ob die Ruine Schutz gewährt? (Sich mit Marie auf die Ruine zuschleppend.) Sie gewährt keinen! (Mit thränenbewegter Stimme auf Marie.) Opferlamm der Treue, du stirbst wie die Freiheit ohne Obdach und Hilfe. Hast so viele Verwundete verbunden, und ich habe keinen Lappen, deine Wunde zu decken!

Marie
(unter brechendem Blick mit dem Arm nach des Ritters Hals fassend).

Gute Nacht, Ritter, habt Ihr mich lieb gehabt?

Florian.

Bis zum Tod, Engel auf Erden! Kein Engel des Himmels liebt schöner als du. Diese Thräne in dein Grab! (Er küßt sie; sie stirbt. Legt die Todte auf die Erde. Als er sich aufrichtet, steht dicht hinter ihm)

Grumbach (der ihn rücklings ersticht).

Stirb und verdirb, Verderber!

Florian (niedersinkend).

Wahrheit, sie morden dich; aber du kommst! (Stirbt, das Haupt an Mariens Brust.)

Bewaffneter
(von Florians Schaar kommt von der andern Seite aus dem Wald).

Herrgott, der Hauptmann!

Grumbach
(indem er auf ihn eindringen will).

Zu Boden mit dem Sklaven!

Bewaffneter.

Nein Junker; (schießt auf ihn) das Volk lebt länger als du! (Grumbach stürzt ohne einen Laut zusammen. Der Vorhang fällt.)